AS FORMAS ELEMENTARES DA DIALÉTICA

Dados Internacionais de Catalogação na Publicação (CIP)
(Câmara Brasileira do Livro, SP, Brasil)

Piaget, Jean, 1896-1980.
  As formas elementares da dialética / Jean Piaget ; tradução Fernanda Mendes Luiz ; coordenação Lino de Macedo. — São Paulo : Casa do Psicólogo, 1996. — (Coleção Lino de Macedo)

  Título original: Les formes élémentaires de la dialectique.
  Bibliografia.
  ISBN 85-85141-

  1. Cognição em crianças 2. Lógica I. Macedo, Lino de. II. Título. III. Série.

96-1835   CDD-155.413

Índices para catálogo sistemático:

1. Cognição em crianças : Psicologia infantil   155.413

Editor: Anna Elisa de Villemor Amaral Güntert

Capa: Yvoty Macambira

Revisão: João Vaz

Composição Gráfica: Jesilene Fátima Godoy
                                        (011) 534-0737 Cód. 4059682

psicologia e educação
Coleção dirigida por Lino de Macedo

JEAN PIAGET

AS FORMAS ELEMENTARES DA DIALÉTICA

Tradução
FERNANDA MENDES LUIZ

Revisão Técnica
SÁVIO SILVEIRA DE QUEIROZ

Casa do Psicólogo®

© 1980, Éditions Gallimard

© 1996, Casa do Psicólogo Livraria e Editora Ltda.

Reservados todos os direitos de publicação em língua
portuguesa à Casa do Psicólogo Livraria e Editora Ltda.
Rua Alves Guimarães, 436 – CEP 05410-000 – São Paulo – SP
Fone (011) 852-4633   Fax (011) 3064-5392

É proibida a reprodução total ou parcial desta publicação para
qualquer finalidade, sem autorização por escrito dos editores.

Impresso no Brasil / *Printed in Brazi*l

Notas sobre a tradução

O Ministério da Cultura e da Comunicação da França – Direção do Livro e da Leitura – patrocinou a tradução desta obra.

Sumário

Apresentação 7
Introdução 11
Capítulo 1 – Em direção à circularidade dialética mais geral das conexões lógicas 15
Capítulo 2 – Um exemplo elementar de dialética lógico-matemática: problemas de igualação e construção de diferenças 41
Capítulo 3 – Um sistema de deslocamentos espaço-temporais 63
Capítulo 4 – De uma ordem direta ao seu inverso 79
Capítulo 5 – Um sistema multitransformacional de pivotamentos 95
Capítulo 6 – Dialética e conservações espaço-numéricas 111
Capítulo 7 – Aspectos dialéticos da construção de um objeto 125
Capítulo 8 – A descoberta de dois tipos de regras seguidas por um parceiro 145
Capítulo 9 – Um caso de interdependências entre as ações exploradoras do sujeito 159
Capítulo 10 – Dialética e perspectivas 177
Capítulo 11 – A dialética diante das relações incompreensíveis 185
Capítulo 12 – Conclusões gerais 197
Posfácio: Dialética, psicogênese e história das ciências, por Rolando García 211

Apresentação

Estou muito satisfeito com a publicação, em língua portuguesa, do livro *As formas elementares da dialética*, de Piaget. Essa minha satisfação se deve a três motivos principais:
- Foi sua última obra publicada quando vivo (1980). Não será esta uma forma de homenagem ao centenário de nascimento (1896) desse autor a quem tanto devemos?
- Na maior parte dos experimentos, aqui relatados, são usados jogos de regras. Qual leitor não gostaria de ver analisada a dialética – ou seja, os processos de desenvolvimento – em jogos do tipo "Cara a Cara"(Capítulo I), "Xadrez Simplificado para Crianças"(Capítulo III), "Reversi"(Capítulo IV), "Batalha Naval"(Capítulo IX) e outros? Piaget, em *O juízo moral na criança*, analisou o valor dos jogos na construção de regras e, em *A formação dos símbolos na criança*, a função simbólica dos jogos. Em *As formas elementares da dialética*, examina a função maior dos jogos: a de serem veículos para o processo de desenvolvimento e de solicitarem, por sua estrutura e conteúdo, uma qualidade de interação de natureza construtiva, ou seja, que supõe formas de interdependência relacional ou dialética. Obviamente, nesses livros, o objetivo de Piaget não é fazer uma apologia dos jogos, mas, por meio deles, analisar o que está além: o que possibilita a vida social, ou simbólica, e uma quali-dade de interação que promove o desenvolvimento da criança.
- Sou coordenador do Laboratório de Psicopedagogia, no Instituto de Psicologia da Universidade de São Paulo. Nele, com um grupo de dez profissionais, organizamos oficinas para alunos e educadores da Escola Fundamental,

da USP, em que são propostas, na perspectiva do construtivismo de Piaget, atividades com jogos de regras. Nosso objetivo, igualmente, não é valorizar o jogo pelo jogo. Nosso propósito é analisá-lo e utilizá-lo como instrumento psicopedagógico para algo que é mais do que um jogo: o raciocínio em geral; a organização espaço-temporal das ações; o planeja-mento; a "leitura" de uma realidade que muda a cada instante e que, portanto, requer a construção de regularidades; o cálculo, a escrita etc. Dispor deste livro de Piaget, agora em nossa língua, é, por isso, de grande ajuda para nós e para todos aqueles que acreditam no lugar dos jogos nos processos de desenvolvimento e, portanto, na construção do conhecimento.

Dialético, relacional e construtivo são termos equivalentes na teoria de Piaget. Dialético, relacional e construtivo lembram-nos, respectivamente, os aspectos – *indissociável, complementar* e *irredutível* – dos processos de desenvolvimento do conhecimento. Na escola, para não dizer na vida em geral, essa tríade é, hoje, fundamental. Os conteúdos escolares – com seus conceitos, princípios e procedimentos próprios – necessitam ser ensinados levando-se em conta – *indissociavelmente* – as noções e operações da criança, no nível em que ela pode formulá-las. Se nos faltam técnicas e materiais didáticos para isso, faltam-nos também fundamentos que expliquem a razão dessa indissociação, principalmente na perspectiva da aprendizagem ou desenvolvimento da criança. Hoje, igualmente, aceita-se, como regra geral, a *complementaridade* da relação aluno-professor, ou da interação sujeito-objeto. Se a criança não aprendeu é porque o professor não ensinou; ao menos, não ensinou para ela, em que pese a eventual correção formal ou conceitual dos conteúdos por ele expostos. Em outras palavras, a objetivação

Apresentação

dos conhecimentos escolares pela criança supõe simultaneamente a subjetivação desses conhecimentos na perspectiva daquele a quem estão sendo propostos. Nesses termos, se a criança necessita aprender as noções e operações escolares, superando e compartilhando suas hipóteses e formas pessoais de realizá-las, então *complementarmente* o professor necessita saber sobre esse sujeito a quem transmite conhecimentos, saber sobre suas possibilidades, necessidades e sentido. Temos aprendido também o caráter *irredutível* dessas relações. Matemátic*a* e matemátic*o*, físic*a* e físic*o* correspondem a coisas diferentes: um se refere ao objeto de conhecimento; outro, àquele que conhece, cada qual com suas próprias coordenações. A proposta de Piaget é defender uma dialética, ou seja, uma forma de interdependência entre ambos, cuja resultante, ou síntese, é um contínuo aprofundamento e amplificação do conhecimento, o qual, para ser construído, supõe um duplo jogo de correspondências e transformações. Para "descobrir" o real, o sujeito há de inventar teorias, modelos e operações que lhe correspondem; para inventá-las, há de transformar sua "visão de mundo" em favor da objetivação daquilo que o objeto é, ao menos nos limites do social ou individualmente cognoscível. Eis a dialética do conhecimento em sua tríplice dimensão: interiorizável (perspectiva do sujeito), exteriorizável (perspectiva do objeto) e sintetizante (modelos).

Por último, permita-me o leitor, com pouco conhecimento da obra de Piaget, sugerir-lhe um guia para o estudo do presente livro. Não queira entender tudo de uma vez só. Lembre-se do que acontece no jogo e o utilize como uma referência para seu estudo. No jogo, primeiro, conhecemos os materiais, as regras; para isso, fazemos explorações, brincamos, ensaiamos partidas em que o *como jogar* é sempre mais importante do que ganhar ou competir. À medida que nos firmamos no jogo, e se não nos desinteressamos dele, passamos a um segundo nível, em que agora o desafio é o *como jogar melhor*. Para isso, temos de aprender estratégias, levar em conta os modos de jogar do adversário, temos de interagir, no contexto das partidas, com qualidade interdependente. Pouco a pouco, vamos *elaborando as razões* de nosso sucesso ou fracasso, confirmando uma "teoria do jogo" e criando um estilo de jogar (sistema de procedimentos ou esquemas de ação que definem, simultaneamente, representações, procedimentos e explicações do jogo). Talvez esse seja também um roteiro para a leitura deste livro: primeiro, estudar praticamente os jogos ou situações-problema propostos por Piaget; depois, ir assimilando as análises realizadas por ele, isto é, considerando os modos como formula ou desenvolve – experimento por experimento – os aspectos de sua teoria dialética. Corresponder a teoria a suas possíveis aplicações psicopedagógicas também poderá ser de muita ajuda, por mais arriscado que isso possa ser. Pouco a pouco, por fim, o leitor será capaz de deduzir hipoteticamente – ou seja, compreender formalmente – o lugar maior desta obra no conjunto da teoria de Piaget sobre equilibração. Mas, se tiver de parar, mesmo que no primeiro nível, já terá valido a pena, pois, como dizia Alain, "quem joga, jurou".

São Paulo, maio de 1996.

LINO DE MACEDO

Introdução

Esta obra persegue vários objetivos, dentre os quais mostrar que há processos dialéticos em todos os níveis do pensamento, e mesmo da ação, em todos os casos em que se torna necessário construir novas formas que não se deduzam por vias simplesmente "discursivas" das estruturas ou das propostas já conhecidas anteriormente: donde o caráter muito elementar de certas provas das quais nos serviremos e para a solução das quais só se esperaria a utilização de inferências imediatamente evidentes, enquanto a análise dos níveis iniciais mostra que essas soluções exigem sínteses e a construção de interdependências às quais não se pode negar um caráter dialético. Mas nosso segundo objetivo é, por outro lado, desmistificar, se assim podemos dizer, a dialética em sua significação corrente, ou seja, aquela dos autores para os quais toda a forma de pensamento é desde o primeiro momento e permanece constantemente dialética como se não existisse, entre as fases de construção dialética, fases de equilíbrio ao longo das quais a simples lógica discursiva seria suficiente para manifestar as conseqüências necessárias de afirmações e negações que as continham anteriormente. Nossa interpretação consistirá, portanto, em supor que a dialética constitui o aspecto inferencial de todo processo de equilibração, enquanto os sistemas equilibrados só dão lugar às inferências discursivas, donde uma alternância contínua, mas de durações variáveis, entre estas duas fases de construção dialética e de exploração discursiva.

Mas vemos então a dificuldade do problema, que é aliás geral e encontra-se sob múltiplas formas em toda questão de epistemologia genética: como explicar que a construção de relações novas, ao longo dos processos de equilibração, leve a resultados dos quais a necessidade interna parece supor que eram pré-formados ou predeterminados nas situações anteriores dentro das quais o sujeito não as percebia ainda, ou simplesmente não tomava ainda consciência delas? Em outras palavras, a necessidade final só consiste em levantar o véu que impedia de atingi-la desde o início, ou ela se acompanha de um passo retroativo que enriquece, mas somente depois, o que era inicialmente somente elaboração progressiva de novidades reais e produtivas? Foi cercando tal problema que um estudo genético sobre as formas elementares da dialética nos pareceu útil, pois só ela pode justificar a segunda dessas soluções.

Com efeito, toda dialética comporta processos circulares entre os passos proativos e retroativos, e são estes que dão conta da formação das aparências de necessidades pré-formadas, enquanto a necessidade autêntica só se constitui ao longo e no final de todo desenvolvimento dialético. Em suma, tais desenvolvimentos explicam ao mesmo tempo a gênese das verdadeiras necessidades e a ilusão que as faz parecerem predeterminadas, esperando que uma metadialética libere o sujeito de tais ilusões (o que não é infelizmente sempre o caso, como mostram as tendências atuais de retorno ao inatismo).

Em relação a essa questão de inatismo, lembremos que nós nunca negamos que exista uma parte de inatismo, portanto de preformação biológica, em todo comportamento, mesmo os mais elevados (e isso só é assim porque todos eles fazem intervir os fatores hereditários do funcionamento nervoso). Existe, portanto, em todos os níveis um pequeno setor de necessidade pré-formada que atualiza ou utiliza todo desenvolvimento dialético. Mas duas observações que se impõem diminuem sua importância.

Introdução

A primeira é que esta parte de necessidade pré-formada está longe de ser suficiente para dar conta das mais elementares interdependências entre sujeitos e objetos, que ao invés de se simplificarem se tornam cada vez mais complexas com o progresso do conhecimento (ver os recuos dos objetos à medida que o sujeito se aproxima deles, descritos no número 4 das Conclusões Gerais, Capítulo XII, em que são analisadas as três dialéticas solidárias que a conquista do objeto comporta). Em segundo lugar, quanto mais um comportamento é complexo, menor (relativamente a seu todo ou a outros mais simples) é o papel que nele representa esta parte que lhe é inata, ou da necessidade orgânica inicial, da qual nós reconhecemos a existência ao lado das necessidades ilusórias, devido às projeções retroativas.

Uma outra razão que nos levou a examinar a gênese das formas elementares da dialética é que elas mostram porque esta utiliza uma novidade particular de implicações que chamamos de "a implicação entre ações e operações" e que desencadeia entre elas as transformações, para engendrar outras a partir destas, enquanto as implicações entre enunciados permanecem discursivas, exceto se estes estão subordinados a operações organizadoras. Portanto, a implicação entre ações, que não se deve confundir com sua causalidade (ou produção material), equivale a ligar suas significações que intervêem desde o "saber-fazer" sensório-motor. Conseqüentemente, a dialética consistirá essencialmente em construir novas interdependências entre significações, as mais simples sendo solidárias e indissociáveis desde o início, e o mais geral dos círculos dialéticos sendo, sem dúvida, aquele que liga as implicações e as significações (dos quais o círculo bem conhecido dos conceitos e dos julgamentos, que será tratado no Capítulo I, é apenas um caso particular nos níveis representativos).

Em suma, o objetivo central desta obra será analisar a formação da dialética enquanto construção de novas interdependências que constituem o aspecto inferencial de equilibração e que procedem por implicações entre ações enquanto portadoras de significações. Nesse quadro geral, virá naturalmente se inserir o estudo das características mais clássicas da dialética, tais como as superações, as circularidades ou espirais e as relativizações.

Capítulo I

EM DIREÇÃO À CIRCULARIDADE DIALÉTICA MAIS GERAL DAS CONEXÕES LÓGICAS

com M. *Sakellaropoulo*[1] e A. *Henriques - Christophides*

Ao tomarmos o termo "conexões lógicas" no seu sentido mais amplo, englobando os conceitos e julgamentos de todos os níveis, encontramo-nos em presença de um círculo fundamental, do qual uma forma restrita é bem conhecida, mas vamos nos situar em sua forma geral. A variedade particular que freqüentemente discutimos concerne aos julgamentos e aos conceitos, havendo alguns autores que insistem no fato de que os segundos são engendrados pelos primeiros e outros sobre o caráter pretensamente primitivo dos segundos. Mas o círculo dialético (pois há evidentemente aí um círculo) pede para ser ampliado, pois as mesmas questões se colocam quanto às relações entre os conceitos C e os predicados P, por um lado, e entre os julgamentos J e as inferências I, por outro. Seguindo a ordem das composições, devemos, com efeito, sustentar que os conceitos C são amálgamas de predicados P, que os julgamentos J são relações entre conceitos C e que

---

1. Nossos agradecimentos à Senhora Vachta pela ajuda à Senhora Sakellaropoulo.

as inferências I são compostos de julgamentos J. Mas, se passarmos das composições às justificações, é claro que todo julgamento repousa sobre inferências I (por exemplo, o J "isto é um pinho" só é verdade em função das inferências "porque ele tem pinhas, folhas do pinho"), que o emprego de todo conceito C exige julgamentos J e que os predicados P resultam da comparação de vários aspectos ("verde" significa "da mesma cor que a erva" etc., da qual constitui uma relação que seria preciso nomear de "co-verde"). As duas ordens de percurso P – C – J – I e I – J – C – P são, portanto, indissociáveis, mas sem círculo vicioso, pois de significações diferentes. Trata-se de uma circularidade dialética fundamental (em forma de espiral, pois ela muda sem cessar os conteúdos) que, interessa à lógica, base de todo conhecimento, e é uma das expressões da circulação genética geral, fonte da dialética, que é o que chamaremos "o círculo das significações e das implicações constituintes". E é por isso que dedicaremos o Capítulo I desta obra ao estudo dessa questão central.

SEÇÃO I
A DETERMINAÇÃO DE ALGUNS ANIMAIS OU OBJETOS

A primeira técnica consistiu em apresentar à criança vinte imagens de animais (5 mamíferos de quatro patas, 5 pássaros, dos quais um pingüim, 8 artrópodes, dos quais 5 insetos, e ainda 2 moluscos) dispostas em 4 colunas mas sem nenhuma ordem, o sujeito ficando livre de manipulá-las. O experimentador lhe mostra que ele dispõe também exatamente das mesmas imagens, mas em seguida ele as esconde. Depois,

Capítulo I

ele tira uma delas, escondendo-a igualmente, e a criança faz as perguntas (às quais só se responde por "sim" ou "não") de maneira a descobrir qual animal foi assim escolhido.

O número de perguntas é limitado (em 4 ou 6) de maneira a evitar uma enumeração e, sobretudo, de maneira a ver quais parecerão ao sujeito lhe fornecer o maior número de informações úteis: ele se limitará a designar 4 ou 6 animais ("é um macaco?"; "é uma cegonha?", etc.) ou ele perguntará primeiro: "Ele voa?" para eliminar aqueles que não têm asas e fazer quatro perguntas de maneira a poder decidir em seguida entre pássaros, insetos ou o camundongo. O experimentador insiste, desde o início, na necessidade de refletir bem para colocar "questões muito boas" e, freqüentemente, ao longo do processo, pergunta à criança se ela pode encontrar "melhores perguntas que lhe ajudarão a encontrar mais informações". Da mesma forma, se o sujeito não toca nas suas quatro colunas, sugerimos a ele que faça uma combinação como quiser de seus animais para ajudá-lo a fazer perguntas mais sistemáticas. Mas, principalmente, se não há progresso, mudamos de papel: é a criança que esconde os animais, depois escolhe um entre eles e o experimentador que deve adivinhar qual, fazendo então suas perguntas, mas de acordo com um sistema lógico, em seguida retomamos o jogo para ver se o sujeito aproveitou a lição recebida. É natural que se pergunte em uma oportunidade por que tal pergunta foi colocada e o que a resposta pode ensinar.

Uma variante consiste, em seguida, em esconder simultaneamente dois ou três animais que têm uma relação entre eles (dois voadores, etc.), mas sem indicar qual nem se essa relação existe: há, portanto, aí uma ocasião de inferência pois, se é suposto ou se o sujeito o pergunta, ele é, por isso mesmo, conduzido a estruturações mais avançadas que podem desempenhar um papel quando se retorna a um único animal.

Como complemento desta técnica I dos animais, sem falar ainda da técnica II das formas geométricas encaixadas (ver a seção II), completamos a primeira (I) com uma variante (I bis) em que, ao invés de animais, se utilizam 14 objetos de formas, tamanhos e cores diferentes, com o mesmo procedimento de esconder e de perguntar descrito anteriormente e a mesma regra de determinar assim qual foi escolhido pelo experimentador.

Apesar de sua simplicidade, as técnicas I e I bis fornecem numerosas indicações sobre as relações entre os predicados, os conceitos, os julgamentos e as inferências. Isso resulta, em particular, da comparação dos níveis, dos quais distinguiremos três, mas que se trata de analisar com cuidado, pois suas significações não são imediatamente claras.

O primeiro é caracterizado por perguntas da criança do tipo "é o tigre?" ou "é o macaco?", etc. sem modificações nem justificações. As questões do nível II tomam a forma "ele voa?", "ele pica?", etc. No nível III, as questões são acompanhadas por comentários que utilizam com pertinência os termos inferenciais, tais como: "porque", "portanto", "então", "visto que", etc.

§ 1. O NÍVEL I - Seguem-se primeiramente alguns fatos:

SER (4;4), 6 questões: "*O caracol?* – Não. – *O macaco?* – Não. *O leão?* – Não. – *Uma abelha?* – Não. Por que você pensa que isso pode ser uma abelha? – *Äh! Um macaco?* – Não. – *A borboleta?* – Não. Mais duas perguntas. É preciso pensar bem. – *O caracol?* – Não. – Por que você pergunta se é isso? *Por que...* – Tem uma razão? – *Não."*
Podemos fazer perguntas melhores? – *Não.* Com menos animais, ela os enumera todos: "*Isto?* – Não. – *Isto.* – Não." Etc.

FRÉ (4;5). Escondemos a libélula: "*A borboleta?* – Não. – *O macaco?* – Não. – *O caracol?* – Não. Por que você pensa que é o caracol? – *Porque eu acho que é isso*". Etc. Novo jogo: "*A pantera?* – Não. – *Isso* (o morcego)? – Não. Por que ele? *Porque eu estava com vontade".*
Trocamos de papel e o experimentador faz suas perguntas: "O animal

(escondido pela criança) tem 4 patas? *Sim*. – Então é isso ou isto, etc. Tem patas longas? *Sim*. – Então é a cegonha. Recomeçamos com um outro: "Ele tem asas?" Retornamos ao jogo inicial, mas Fré não se dá conta do tipo de perguntas que acabamos de lhe sugerir, e ele recomeça perguntando sem mais: *"É a vaca?"*, *"a joaninha?"* Etc. Quanto às perguntas sobre 2 animais reunidos, ela diz que elas serão "mais fáceis", mas ela só visa a um único por vez sem procurar relações. Acabamos descobrindo o todo sugerindo juntar aqueles que combinam bem juntos: ela só consegue reunir *"aqueles que voam"* e *"aqueles que têm muitas patas"*, negligenciando o resto.

Todos os sujeitos de 4-6 anos respondem dessa maneira, mas citemos ainda um ou dois fatos interessantes do ponto de vista das motivações:

ANA (5;8) começa por *"o pingüim?* – Não. – *O macaco?* – Não. – *A aranha?* Não. Por que você acha que eu escondi a aranha? – *Porque não é o macaco. A lagarta.* – Não. Por que ela? *Porque não é o pingüim"*. E depois: "A coruja? – Não, por que ela? – *Porque não é a borboleta."*

PAT (5;2) começa agrupando seus animais, mas na realidade em desordem: *"Não precisa me dizer agora porque eu estou arrumando."* Isso não impede que logo em seguida faça suas perguntas ao acaso: *"O peru?* – Não, etc. Para lhe facilitar as coisas, dizemo-lhe que o animal escondido tem, de fato, duas patas. Ele designa então ainda dois pássaros, mas acrescenta *"uma borboleta?"*; *"uma joaninha?"* e mesmo *"um macaco?"* – Não. Por que ele? – *"Porque ele está sempre de pé."*

SYB (6;4) para 5 questões pergunta: *"É o pingüim?"*, *"o tigre?"*, *"o macaco?"*, *"o caranguejo?"* e *"este pássaro"*. Após os 5 "não", perguntamos "Poderia ser outra coisa? – *Não"*. Passamos então a 10 animais somente, e ela designa em seguida: *"Isto* (a libélula). – Não. Por que isso? – *Porque todos os outros não são este aqui, então eu acho que é este"*. Pedimos para "pensar bem para fazer boas perguntas", mas isso não modifica nada, nem a mudança de papéis.

AGU (6;0): *"O morcego?* – Não. Por que você acha isso? – *Porque ele voa.* – Eu disse que o animal escondido voa? – *Não.* – Então? – *A borboleta."*

As questões próprias a este nível se baseiam assim no que poderíamos chamar de "objetos conceituais" ou específicos, ou seja, nos animais individuais, mas enquanto representantes de uma espécie ("uma abelha", "um caracol", etc.) e em oposição com as questões do nível II, que se referirão a uma classe de animais que apresentam um caráter comum ("voar", "picar", "ter 4 patas", etc.). Essa ausência de compreensão dos indícios gerais, que tanto facilitariam a determinação do animal procurado, vai tão longe que Ana dá o motivo de sua escolha da aranha "porque não é o macaco", da lagarta "porque não é o pingüim" ou da coruja "porque não é a borboleta", como se tratasse de uma relação de disjunção exclusiva e, portanto, de relação entre A e $não\text{-}A$, mas ambos sob B ($=A+A'$ onde $A'= não\text{-}A$) entre os animais assim agrupados. Syb generaliza esse raciocínio a ponto de justificar sua escolha da libélula pelo fato de ela ser diferente de "todas as outras", como se não fosse este o caso de cada um dos 20. Nessas condições, é natural que a mudança de papel não ensine nada à criança quanto às perguntas úteis a se fazer. O único argumento invocado pelo sujeito é "porque eu acho que é isso" (Fré) ou "eu estou com vontade", e desprezando as contradições (Agu), e mesmo se a criança tentou "arrumar"(Pat), portanto, ordenar os animais testemunhas.

Posto isso, observamos desde este nível uma circularidade dialética particular como será o caso nos outros níveis com outros elementos: a das formas e dos conteúdos, dos quais as conexões de conjunto levam ao círculo geral dos predicados, conceitos, julgamentos e inferências. No presente nível, as formas são os "objetos conceituais", tais como "a cegonha", e os conteúdos são as reuniões de predicados ou de observáveis que caracterizam cada um (à parte) destes objetos: tal como o bico longo ou as patas longas, etc; desta

Capítulo I

cegonha. Há, nesse momento, um começo de círculo através da coordenação de dois processos de direções opostas, embora complementares: (1) Um processo ascendente de composição que consiste em reunir os predicados diretamente observáveis em um objeto conceitual total mas único; (2) um movimento descendente de justificação pela integração das condições necessárias e (ou dentro de uma) de uma diferenciação de novas possibilidades. Esses dois processos estão no ponto de partida daqueles que vão se ampliar no nível II, e eles já comportam naturalmente os julgamentos e inferências implícitas, que vão se manifestar nos patamares posteriores.

§ 2. O NÍVEL II - Entre 7 e 11 anos, a situação se modifica profundamente pelo fato da construção de "formas" de um novo tipo que comporta "encaixes" em extensão, fundados sobre "inerências" entre significações que se englobam em compreensão, o que faz voltar a colocar questões que não dizem mais respeito aos objetos conceituais, mas aos conceitos gerais e estruturados que reúnem, cada um, um certo número de caracteres comuns a vários desses objetos conceituais: por exemplo "voar", "ter 4 patas", "nascer em um casulo", etc., o que supõe um novo círculo dialético particular, mas, dessa vez, entre conceitos genéricos e julgamentos por comparações de conjuntos:

NIC (7;5) – "Tente fazer o mínimo de perguntas possível. – *Ele voa?* – Não. – *Ele tem muitas patas?* – Sim. – *Este aqui* (centopéia)? – Sim. II (*macaco*) – "*Ele voa?* – Não. – *Ele pica?* Não. Você pensa em quê, com essa pergunta? *Na abelha e na aranha. Aqui* (o búfalo)? – Não. Você pensa em quê, perguntando isso? *Ele não pica. Ele tem um rabo comprido?* Sim. – *Aqui* (a pantera). – Não. Falta uma pergunta. – *A libélula* (contraditório com não voar). – Não. – *Este* (o macaco)? – Sim." III (morcego). "*Ele voa?* – Sim. – *Ele pica se o perturbarmos* (cf. a abelha)? – Não. – *É o morcego: ele voa mas não pica.*" IV (caranguejo). "*Ele voa?* – Não. – *O caracol: ele não tem um rabo comprido e não voa.* – Não. – *Ele tem chifres compridos.* – Não. – *Este* (a aranha). – Não. *O caranguejo?* – Por quê? *Ele não voa e não tem um rabo comprido.* – Sim. Muito bem.". V (a lagarta): "*Ele voa?* – Não. – *Rabo comprido.* – Não. – *Ao menos ele tem um rabo?* – Não. – *Lagarta?* Sim. – É o primeiro que eu acerto logo! – O que seria sem isso? – *A lesma e o caranguejo.*" Para 2 animais ao mesmo tempo, ele procura logo os caracteres comuns (cegonha e falcão, abelha e borboleta, falcão e pica-pau, lesma e caracol, etc.) e depois propõe uma ordenação de maneira a poder "*retirar*" (portanto, eliminar) os mal-adequados. E sobretudo ele acha que se nós podemos fazer perguntas sobre as relações de duplas, podemos multiplicá-las e "*não importa quanto, podemos fazer muitas*" mas que sobre um só animal.

RIS (7;6), I (lagarta): "*Ele pode voar?* – Não. – *Ele rasteja?* – Sim. – *O caracol ou pode ser a lagarta.* – E o que mais? – *A lesma ou a minhoca* (não dados nos 20). *Ele tem uma casca?* – Não. – *Pintas nas costas?* – Sim. – *A lagarta.* – Sim." II (a cegonha): "*Ele tem um rabo?* – Sim. – *4 patas?* Não. *Ele pode voar?* – Sim. – *O pingüim ou a águia?* – Não. *A cegonha?* – Sim." III. Ele acha o morcego "*porque ele pode voar, ele tem orelhas, patas e não tem chifres*" após questões sobre esses 4 pontos. No momento da mudança de papéis, o experimentador elimina as classes que correspondem "a não", procedimento que utiliza então Ris no momento do restabelecimento dos papéis iniciais, principalmente ordenando aqueles que podem voar ou que não o podem.

AUD (7;11) I (o macaco). "*Ele é comprido?* – Não exatamente. – (Ela elimina a rena, a lagarta e a centopéia). *Ele é grande?* – Não exatamente. – *Não muito comprido, não muito pequeno então...* (acrescenta aos eliminados o pica-pau, a abelha "*porque pequena*", a cegonha, o búfalo, o macaco "*este porque é um pouco comprido*" (mostra o rabo e ri), "*não, estou enganada, é ele.* – Sim." Na seqüência, ela recomeça: "*Ele é comprido?*" mas acrescenta: "*Na verdade isso me dá uma idéia... não, então...* (isso não acrescenta nada)". Para dois animais reunidos: "*Ele tem orelhas ou asas?* – Os dois ao mesmo tempo? – *Não, ou um ou outro.*" Ela elimina o caranguejo "*porque ele não tem os dois: ele não tem orelhas*". Depois de outras questões e eliminações, ela acha

Capítulo I 23

corretamente o caranguejo e a aranha, porque *"pequenos, não voam e não são compridos"*. Ao mesmo tempo, ela acha o mesmo para três animais: *"a libélula, a borboleta e a abelha"* depois de boas justificações. É interessante notar um curioso critério de classificação, que ela abandona em seguida, entre os animais que tem alguma coisa *"sobre eles"* como o caracol a sua concha; os pássaros, os insetos com asas e o morcego que *"tem asas, portanto isso não faz realmente parte dele"*. Por outro lado, notamos o início de relativização: *"comprido para sua espécie"* e o emprego do termo *"famílias"*.

ANK (7;10) após a mudança de papel e a retomada normal, reparte seus animais em 4 classes, das quais 2 são homogêneas (7 artrópodes e 2 moluscos), uma que compreende os pássaros e o morcego, e a 4ª o resto, misturando o búfalo, o pingüim e o caranguejo. Acerta com dois animais ao mesmo tempo, como o macaco e a pantera *"porque este vive nas árvores"*.

Esses casos são suficientes para mostrar os grandes progressos realizados neste nível e as lacunas que subsistem. Os primeiros se devem ao alargamento das formas e dos conteúdos sob o efeito dos processos dialéticos, um ascendente ↑ de composição (predicados → inferências) e outro descendente ↓, levando inferências aos julgamentos, conceitos e predicados e que, justificando-os, multiplica os possíveis e as relações necessárias. Para o que é das composições ↑, essas questões não têm mais como tema os únicos objetos conceitualizados, mas os conceitos gerais ligados por predicados comuns: "Ele voa?", "ele tem quatro patas", etc. Quanto ao processo ↓ de justificação e diferenciação de novas possibilidades, ele leva a "encaixes" em extensão, mas exclusivamente fundados sobre as "inerências" entre significações. Em suma, as formas tornam-se conceitos genéricos, que englobam um certo número de objetos, individualmente conceituados, e os conteúdos formados por esses conceitos genéricos se tornam predicados comuns, não diretamente observáveis enquanto tais, mas que resultam da comparação entre objetos conceitualizados. Ora, essas comparações são julgamentos, de tal forma que o círculo dialético particular relativo ao nível II não é mais o círculo elementar do nível I (entre objetos individualizados e reuniões de predicados), mas o círculo bem conhecido dos conceitos gerais e dos julgamentos, estes últimos engendrando os primeiros através de predicados comuns ("voar", etc.).

Mas é natural que esses progressos notáveis não surjam em bloco, como se não houvesse emergência do predeterminado e não-construído: eles se formam passo a passo, sem nenhuma consciência inicial da totalidade das interdependências em jogo. Os encaixes sugeridos pela criança consistem apenas em classes limitadas, às vezes incoerentes, independentes umas das outras (salvo exceções) e, às vezes, mesmo contraditórias e não reúnem quase nunca todas as possibilidades. As eliminações são raras, e alguns critérios bastante surpreendentes, como o de Aud, que agrupa caracóis e pássaros porque têm alguma coisa "sobre" eles (concha ou asas!) e dá como exemplo o morcego, do qual as asas "não fazem realmente parte" dele!

§ 3. O NÍVEL III - A partir dos 11-12 anos, as lacunas que acabamos de assinalar são preenchidas, o sujeito ordena mentalmente os objetos de acordo com encaixes mais ou menos exaustivos, que distinguem as "boas" e as "más" questões segundo seu poder de informação, etc. Mas o lado positivo dessas novas reações é que a criança utiliza freqüentemente e com pertinência os termos inferenciais, tais como "então", "visto que", "portanto", etc., que servem para justificar os julgamentos e os subordinam a implicações e, freqüentemente, a composições de implicações. Em suma, chegamos ao ponto de partida (em direção ao alto) do círculo ou da espiral dialética geral estudada neste capítulo.

Capítulo I

LAN(11;7) I (percevejo) – *"Ele tem asas?* – Sim. – *Grandes asas?* – Não. – Bom. *Então isto deve ser eliminado* (afasta 5). – *Ele tem antenas?* – Sim. – Bom, *com certeza não é isso* (afasta alguns: ficam a borboleta, a libélula e o percevejo). *Vejamos, vejamos. Uma só cor?* – É mais assim. – *Então é isso.* – Sim." Dois ao mesmo tempo: *"Será mais difícil porque será preciso fazer perguntas sobre um conjunto, então* (se é sim ou não) *você não saberia responder muito bem."* Ele acha a dupla centopéia e aranha, combinando as patas e as cores: *"Uma tem mais que 8 patas* (depois perguntas sobre 4, 6 e 8) e *a outra uma só cor* (depois questões detalhadas). *Então é isto".* Em seguida, o veado é escolhido *"porque ele é maior que estes aí e ele tem chifres e não há um que seja maior e que tenha chifres",* etc.

ERI (12;0): *"Ele pode voar?* – Sim. – *Ele vive solitário?* – Sim. *Por exemplo, a cegonha e a borboleta.* – *Ele tem patas grandes?* – Não muito. – *Ele se pendura com a cabeça prá baixo, a borboleta por exemplo.* – E outros? – *A libélula, não, porque ela vive em bandos: perto dos mangues tem muito",* etc. – *Então tem pouca escolha: a borboleta, o percevejo e a libélula. Ele nasce em casulo?* – Não. – *Então este aí não* (a borboleta). *Sobram dois: eu escolho ao acaso: eu digo a libélula.* – Sim."

Vemos que, de um ponto ao outro, os julgamentos do sujeito são dirigidos por inferências e que estas cercam, cada vez mais perto, os caracteres a determinar. Resulta disso um duplo progresso na direção das formas e dos conteúdos: as formas se tornam encaixes de encaixes ou implicações entre implicações, e os conteúdos enquanto conceitos gerais ou genéricos se diferenciam em subconceitos de significações cada vez mais diferenciadas ("viver solitariamente", mais ou menos patas, etc.). As interdependências são assim atingidas em sua totalidade, ao menos virtual (conjunto de possibilidades e relações necessárias), e os processos ascendentes ↑ de composição se completam dialeticamente pelos processos descendentes de justificação e multiplicação dessas possibilidades.

§ 4. A TÉCNICA I BIS – Antes de exibirmos os resultados da técnica II (seção II), quando os objetos são mostrados todos ordenados, resumiremos o que deu a técnica I bis, em que 14 objetos quaisquer são apresentados misturados e não mais consistem em animais, mas em sólidos variados (formas, tamanhos e cores):

Em um nível I, JOL (6;1) faz 12 perguntas sucessivas que se referem apenas aos objetos conceituais individuais: *"Uma bola preta? Um grande círculo verde? Um quadrado amarelo?"* Com 2 ou 3 objetos reunidos, mesmo procedimento: *"É a bola preta"*, etc. LIA (7;0) coloca dois objetos ao mesmo tempo e faz 4 perguntas: *"Um quadrado?* – Não. – *Um bastão?* – Sim (mas há mais que um e ela não os reúne). *Vermelho?* – Sim (são ambos)."

No nível II: RIN (8;11), 2 objetos, 4 perguntas: *"Mesma forma?* – Não. – *Mesmo tamanho?* – Sim. – *A mesma quantidade de pontas?* – Sim."* Donde longa inspeção: *"Estes dois?"* (correto). MAN (8;0), 2 objetos: *"Vermelhos?* – Não. – *Amarelos?* – Não. – *Os mesmos tamanhos?* – Não exatamente. – *Mesmas formas?* – Sim."* Ela faz, então, 5 subclasses e elimina 3.

Nível III: STI (10;4), 2 objetos, depois perguntas: *"Porque só tem um que tem 6 lados e depois os dois são regulares, só pode ser esses dois. Senão é esse aí com o pequeno"*. Ele as reparte em subclasses e elimina algumas. Ele declara ser mais fácil com 3 objetos do que com 2: *"Um é pequeno, um é grande e um médio?* – Sim. – *A mesma forma?* – Sim. – *Então são estes 3"*(correto). ZEI (14;5) pergunta sobre os tamanhos, os ângulos, a regularidade, etc., e depois conclui: *Eu acho que descobri, mas não tenho certeza. Como eles têm o mesmo tamanho, a regularidade e os ângulos, eu escolheria estes dois* (correto)."

Vemos que a evolução dessas reações é exatamente a mesma que a com os 20 animais: questões sobre os objetos individuais (I), depois sobre os caracteres comuns (II) e, enfim, utilização explícita de inferências (III).

SEÇÃO II
MESMOS PROBLEMAS SOBRE ENCAIXES SIMPLES E INTERSECÇÕES

com A. Henriques - Christophides

A experiência anterior apresenta a vantagem de se referir a 20 animais dessemelhados e não-classificados com multiplicidade de predicados que oferecem uma larga escolha do sujeito. Era conveniente, portanto, para verificar a generalidade de nossas conclusões, aplicar a mesma técnica das questões, mas os levando para os objetos já repartidos em classes encaixáveis ou intersecções fáceis de dominar.

O material consiste em 18 figuras, das quais 9 são grandes (3 quadrados, 3 círculos e 3 retângulos); 9 pequenas, tendo as mesmas formas, sendo 6 figuras marrons, 6 azuis e 6 brancas, e cada uma dessas 3 cores corresponde a uma das 3 formas e dos 3 tamanhos: donde 18 combinações, e cada objeto se diferencia dos outros por 3 predicados ao mesmo tempo, e o problema colocado ao sujeito é o de deduzir em qual das figuras desenhamos uma cruz atrás. Uma outra diferença com a técnica anterior é que o sujeito não faz suas perguntas na primeira parte da experiência, mas somente no decorrer da segunda (e o número delas é 4). Anteriormente, o experimentador dá informações à criança, gradualmente, de maneira a poder julgar o grau de certeza atingido graças a essas comunicações. Quanto a este nível que, expresso verbalmente, corre o risco de ser pouco matizado, colocamos uma ficha na parte inferior do dispositivo, sobre uma linha horizontal, e pedimos ao sujeito para deslocá-lo para a direita quando estiver seguro do que infere: esse procedimento se mostrou bastante eficaz.

§1. O NÍVEL I - Encontramos nos sujeitos de 5 a 6 anos a conduta observada nos animais, ou seja, as questões que se referem a um objeto individual e não às propriedades comuns de vários ("grande", etc.). Quanto à utilização das informações fornecidas durante a primeira parte do interrogatório, ela é instrutiva do ponto de vista de seu caráter suficiente ou não:

PIE (6;0): "Onde você acha que eu coloquei a cruz atrás? (círculo pequeno e marrom). – *Lá*. – Tem certeza? – *Sim*. – Totalmente ou não muito? – *Tenho certeza* (ele coloca a ficha à direita). – Como você sabe? – *Porque é redondo*. – Você acha que o papel onde eu fiz a cruz é marrom? – *Não*. – Você quer escolher um outro? – *Quadrado pequeno e azul*. – Tem certeza? – (Ele recoloca a ficha no meio e depois um pouco à direita.). Eu vou lhe dizer outra coisa: ele é quadrado. – Grande ou pequeno (→ nível II momentâneo, mas sem esperar a resposta). *É este aí* (quadrado grande e azul). – Você sabe que ele é quadrado e azul. Ele é redondo talvez? – *Este* (quadrado pequeno e azul: ficha em 3/5). – Eu digo ainda que ele é grande. *Aí* (quadrado grande azul: correto mas a senha em 1/5). – Não tem mais certeza? – (Coloca-o na extremidade)". II. Perguntas da criança: "*É este* (quadrado pequeno branco). – Tem certeza? – *Sim*. – Mais perguntas? – *É esse aí (*quadrado pequeno e marrom). – Não. – *Esse*. – Não. – *Este aqui*? – Não." Mesmas perguntas 8 vezes até que ele acha o correto.

As reações às informações fornecidas na parte I do interrogatório são tão significativas quanto as perguntas feitas pelo sujeito no decorrer da parte II: todas as duas são provas efetivas da ausência de encaixes, cada objeto concebido como uma entidade conceitual sem ligação com outras: donde as perguntas em II só se referirem a elementos isolados, sem ordem de sucessão nem inclusão, nem, sobretudo, intersecções.

Capítulo I

Decorre então, no que diz respeito às informações comunicadas em I, que o sujeito não consegue distinguir as que são suficientes das que não são suficientes para determinar a figura e chega freqüentemente até a se contradizer (por exemplo, Pie escolhe um círculo quando ele acaba de saber que o objeto é quadrado). No início, ele faz uma escolha arbitrária, como se ele estivesse certo de poder adivinhar a escolha do experimentador, e só dá como razão "ele é redondo" como se não houvesse 3 círculos. Quando lhe perguntamos, por outro lado, se acha que é marrom, ele toma esta pergunta como uma objeção e muda, então, ao mesmo tempo, a cor e a forma. O sujeito Xyl, tendo escolhido o círculo grande e azul e tendo o experimentador anunciado em seguida que ele é grande, o que, portanto, não invalida mas confirma parcialmente a escolha indicada, a criança vê aí uma objeção e designa uma outra entre os grandes. Mas o fato mais surpreendente é a inconsistência das avaliações de certezas (marcadas pelo lugar da ficha): há tantas certezas completas para as escolhas sem justificativas quanto meias-certezas (e mesmo 1/5 antes da questão sugestiva "mais nada?") quando a solução é achada.

Em suma, o caráter geral dessas reações é a falta de encaixes tanto por inclusões quanto por intersecções. Responderemos que isso poderia se tratar de simples lacunas de memória, como quando Pie contradiz o que ele admitiu um pouco antes. Essa objeção seria certamente válida se as figuras fossem apresentadas em desordem (como na seção I que trazia animais desta forma). Ou, ao contrário, a apresentação das 18 figuras facilita em muito a tarefa, visto que os 18 elementos já estão ordenados em uma mesa com entrada dupla: 3 colunas paralelas de 6 marrons, 6 azuis e 6 brancos; e 6 seqüências horizontais e superpostas de 3 quadrados grandes,

3 círculos grandes e 3 retângulos grandes sobre 3 pequenos de cada uma dessas formas. A criança não saberia, portanto, escolher um elemento qualquer, sem "ver" (no sentido de perceber as junções com seus vizinhos laterais ou verticais) que faz parte de um conjunto de 3 ou 6 possibilidades dos mesmos tamanhos, formas ou cores. Essas facilitações, elevadas ao extremo para permitir e mesmo sugerir a utilização de encaixes, tornam ainda mais instrutiva a incompreensão do papel deles; portanto, a ausência de implicação de tipos: "grande > quadrado ou círculo ou retângulo", "quadrado > grande ou pequeno", "azul > 6 possibilidades", etc. Os sujeitos do nível I não só não procuram nenhuma intersecção, como também as perguntas que eles fazem na segunda parte do interrogatório não se baseiam nos encaixes ("ele é redondo?" ou "azul?", etc.), mas somente nos objetos um a um, qualificados ao acaso: "este?", etc.

§ 2. OS NÍVEIS II A E II B - Os sujeitos de 7 a 9 anos apresentam, em média, duas novidades instrutivas para a solução do nosso problema. Em primeiro lugar, suas perguntas não se referem aos objetos individualizados, mas às propriedades comuns, ou seja, elas tomam a forma de julgamentos de inclusão, determinados, ao mesmo tempo, por significações comuns ("azuis", "quadrados", etc.) e por encaixes que elas determinam. Mas, em segundo lugar, há ainda a falta de inferências nesse sentido que, tendo, por exemplo, descoberto pelas perguntas que a figura não é nem redonda, nem quadrada, o sujeito perguntará, além disso, se ela é retangular: portanto, a resposta "sim" se impõe, naturalmente, por necessidade inferencial, e é o que não vê o sujeito que se acha então obrigado a fazer essa pergunta inútil e por assim dizer redundante. A falta de inferências ocorre também no sentido inverso, no momento da parte I, quando, tendo recebido as informações incompletas, o sujeito acha que elas são suficientes para a decisão: Eis aqui um exemplo deste nível II A:

ANA (7;6) supõe em I que a figura a encontrar é o quadrado grande marrom, mas sem certeza (ficha em 1/3) porque "*é isto* (círculo grande marrom) *ou isso* (quadrado grande). – Se eu lhe disser que ele é grande, você vai ter mais certeza? – *Não, eu acho que é isso* (quadrado grande marrom). – Você tem mais certeza? – *Sim* (ficha em 5/6: ela já dizia que ele é grande). – Se eu lhe disser ainda que ele é quadrado? – *Então tenho certeza* (ficha na extrema direita). – Poderia ser um outro? – *Não* (no entanto, ele poderia ainda ser azul ou branco, o que ela não infere). – Você sabe duas coisas: grande e quadrado. Quantos tem desses? – *Três* (constatação). E você acha que é esse (o marrom)? – *Sim.* – Certeza? – (ficha na extremidade) – Eu digo também que ele é azul. – *É esse* (quadrado grande azul, portanto correto). – Certeza? – *Totalmente.*" Questões (II): "*Ele é pequeno?* – Não. – *Ele é grande* (redundância)? – Sim. – Qual você acha? – *O círculo grande marrom, mas eu não tenho certeza* (ficha em 1/6). – Então? – *Ele é marrom?* – Sim. Você tem certeza? – *Um pouco mais* (ficha em 3/5). – Outra pergunta? – *Ele é comprido?* – Não. – *Quadrado?* Não. – *É redondo* (redundância)? – O que você acha? – *Sim.*"

Reconhecemos, portanto, um progresso nas questões sobre os predicados de conjuntos; mas há erros, devido às redundâncias (o "grande" já conhecido e as três formas no final perguntadas) e à falta de inferências nos casos de redundâncias e no caso das 3 cores possíveis para o quadrado grande; portanto, nas questões da dedução das possibilidades. Além disso, nota-se, quanto à falta de inferências, a certeza em caso de informações insuficientes.

Em um nível II B (8-9 anos) não se encontram mais questões redundantes, mas as inferências apresentam ainda algumas lacunas:

VIL (8;11) supõe em I o quadrado grande branco: "Você tem certeza? – *Só um pouquinho* (em 1/10). – Ele é grande. – Você tem mais certeza? – *Eu não sei.* Deixamos em 1/10. Se lhe disser que ele é quadrado. Você tem mais certeza agora? – *Não, deixamos em 1/10.* – Bom. Ele é azul. – *Então é esse* (ficha na extremidade)". Parte II: *"Ele é azul?* – Não. – Ela supõe o círculo grande marrom (com a ficha em 1/10). – *Ele é marrom?* – Sim. Mexemos a ficha? – *Deixamos ela aí* (1/10). *Ele é quadrado?* – Não. *Redondo?* – Sim. Você tem mais certeza? – *Não* (deixa em 1/10). – Quantos papéis podem ter a cruzinha? – (mostra corretamente os dois tamanhos). – Você tem certeza de que é aquele? – *Bem pouquinho.* – Mais uma pergunta. – *Ele é pequeno ou grande?* – Grande. – *Então é esse* (certeza)."

Vemos que o avanço das inferências é devido ao fato de não haver mais perguntas inúteis. Mas a lacuna que subsiste se deve à falta de graduação das certezas, portanto, de avaliação das suficiências ou insuficiências das informações; deixar constantemente a ficha em 1/10 quando há um aumento das informações demonstra, com efeito, que o sujeito não deduz ainda o número decrescente de possibilidades.

§ 3. O NÍVEL III E CONCLUSÕES - De 10 a 12 anos, os julgamentos são constantemente orientados por inferências, às vezes ainda incompletas, mas dirigidas pela consideração das possibilidades:

PAT (10;2) em I supõe o círculo grande marrom. "Tem certeza? – *Eu disse ao acaso.* – Ele é grande. Tem mais certeza? – *Sim (*ficha em 1/5). – *Ele é azul* (Ele indica o quadrado grande azul) – Certeza? – *Um pouco menos* (ficha em 1/10 sem dúvida porque a informação sobre a cor muda também a forma). Por que você tem menos certeza? – *Porque tem (também) a barra grande e o círculo grande* (e a forma não foi ainda dita). – Ele não é redondo. – (...) – Tem um pouco mais de certeza? – *Sim* (ficha em 1/2) – Ele não é comprido – *Então aí eu tenho totalmente certeza que é o quadrado".* II: *Ele é longo?* – Não. – *Redondo?* – Sim. –

Capítulo I

Branco? – Não. – *Marrom?* – Sim. – *Então é este ou este ou este (os dois tamanhos).*"

ANT (12;3) I: a certeza aumenta a cada informação: 1/10; 8/10 e o todo. II: "*Quadrado?* – Não. – *Branco?* – Não. – *Marrom?* – Sim (passa de 1/20 a 1/10). – *Redondo?* – Sim. – *Então este* (mas esquece o tamanho)."

Esses três níveis são instrutivos quanto à circularidade dialética dos quatro instrumentos cognitivos: os predicados, os conceitos, os julgamentos e as inferências. Mas para precisá-la, convém distinguir com cuidado a ordem das composições ou construções e a ordem das justificações ou graus de certeza. Portanto, como todos os problemas colocados nesta seção se referem às questões de encaixes, isso equivale a dizer que é importante considerar, à parte, o movimento ascendente da formação desses encaixes (objetos → conceitos → julgamentos → inferências) e o movimento descendente que consiste em estabelecer que uma totalidade dada se abre sobre várias possibilidades (por exemplo, o conceito "quadrado" se reparte em "grandes" ou "pequenos" e ainda em "azuis", "marrons" ou "brancos") e em mostrar por que uma delas é a certa.

No que diz respeito à composição formadora (movimento ascendente), o nível I é caracterizado pela ausência de qualquer encaixe. Do ponto de vista das informações recebidas, que se referem todas a predicados genéricos ("azul", "quadrado", etc.), o sujeito não vê que elas cobrem várias possibilidades e designa somente um com um sentimento imediato de certeza. Quanto às questões, elas se limitam a visar somente um elemento único por vez: "É este" depois "esse?", etc. O objeto assim designado pode ser nomeado de "*objeto conceitual*", no sentido de ser composto de um conjunto de predicados ("círculo grande azul", etc.), mas reunidos neste único objeto, sem a consciência de que eles se aplicam também a outros. Do ponto de vista da composição, esses predicados constituem, portanto, os elementos de partida (= dados observáveis sobre um objeto), e o objeto conceitual é o produto deles, mas por síntese imediata e limitada a ele.

Com o nível II, começam os encaixes, devido aos *julgamentos,* que ligam entre eles os objetos conceituais em função de suas propriedades comuns (predicados). Esses julgamentos constituem, portanto, a fonte de *conceitos* que englobam cada um vários objetos, mas só se trata ainda de conceitos ou julgamentos não ligados entre eles por encaixes inferenciais, donde as questões redundantes e a falta de dedução das possibilidades ou de graduação na avaliação da suficiência ou não das informações. No entanto, as questões se referem aos predicados reconhecidos como comuns (quadrados, azuis, etc.), portanto, aos encaixes elementares.

No nível III, esses julgamentos são eles próprios coordenados entre si, portanto, subordinados às inferências que resultam em intersecções e não mais somente em encaixes parciais do nível II. Em suma, a lei de composição que conduz dos predicados às inferências é: "*predicados aglomerados*" → *objetos conceituais*; reunião desses → *conceitos* baseados em *julgamentos*; coordenação destes últimos → *inferências*, elas mesmas fontes de encaixes superiores (intersecções).

Mas, se essa construção dos encaixes procede assim através da composição de totalidades fundadas na organização de seus elementos ou partes, um conjunto de procedimentos no sentido inverso intervem correlativamente, descendo das totalidades às partes e justificando-as ou enriquecendo-as com novas ligações interparciais não dadas no momento do processo ascendente, que completam suas significações por subordinação às totalidades que as englobam. É assim que a verdade de todo julgamento se baseia em inferências: por exemplo, se "este animal é um gato", é porque ele tem bigodes, uma cabeça triangular, etc. Nos nossos casos, quando Pat descobre que a figura procurada é redonda e marrom, ele conclui: "Então é esse; ou este (grande) ou este (pequeno)." A inferência conduz aqui a um julgamento, que é a conclusão dela, e com duas possibilidades entre as quais lhe resta escolher. Quanto aos julgamentos, são eles que asseguram a garantia dos encaixes conceituais do nível II, revelando a qualidade comum de vários objetos e excluindo, além disso, os que não a possuem. Enfim, o objeto conceitual do nível I supõe a ação de conceitos sobre os predicados, visto que cada um destes não constitui uma qualidade única isolável, mas uma propriedade comum de vários outros objetos conhecidos anteriormente: a cor "azul" não é, com efeito, especial ao elemento procurado, mas é conhecida como sendo a do céu, de algumas flores, etc., e significa, na realidade, "co-azul", o que é uma relação que reúne a observação atual a múltiplos precedentes.

Vemos que, apesar da disposição das figuras em fileiras e colunas que expressam antecipadamente os encaixes em jogo, as reações dos sujeitos, de acordo com seus 3 níveis, são muito parecidas com as da seção I e consistem, na verdade, em estruturar as observações exógenas inserindo os conteúdos em formas endógenas, fontes da compreensão dos encaixes, apesar de estes serem dados antecipadamente no dispositivo.

Duas outras analogias devem ser assinaladas. Em cada nível (I a III), há círculo entre dois componentes, do qual um depende do outro; os predicados elementares e o objeto conceitual em I, os conceitos e os julgamentos em II, estes e as inferências em III. Isso não impede que o círculo total predicados → conceitos → julgamentos → inferências, que acabamos de descrever diacronicamente, nível por nível, intervenha sincronicamente desde o início mas de maneira implícita, isto é, sem elaborações intencionais da parte do sujeito: isso quer dizer que, desde o nível I dos objetos conceituais, o observador vê, durante os julgamentos e as inferências, que o sujeito utiliza sem ficar em dúvida: escolher um objeto conceitual, mesmo com uma hipótese falsa, é já acreditá-lo possível e opô-lo a outros, e mesmo dizer como, Sybille (6;4) no § 1 "porque todos os outros não são este, então eu acho que é este", é inferir sua unicidade entre 20 possíveis. Ou quando Pie passa (em suas perguntas) do quadrado pequeno branco ao azul e, depois, ao marrom, ele infere, sem explicitar, que se é quadrado, é branco, azul ou marrom. Há, portanto, em todos os níveis, julgamentos e inferências implícitas, o que reforça ou ao menos prepara a interdependência desses diversos instrumentos cognitivos.

    A circularidade dialética dos predicados, conceitos, julgamentos e inferências, com seu duplo movimento ascendente de composição e descendente de multiplicação de possibilidades e de justificação das conexões necessárias, enriquece, por sua natureza, a teoria dos encaixes, devido a essa superação do real (ao qual se limitam as composições ascendentes), na direção dupla do possível e do necessário (retroações descendentes).

    Quando nos fixamos no real, sabemos bem que quanto mais um encaixe é rico em extensão (número de objetos inclusos) mais ele é pobre em compreensão (número de qualidades comuns). Com efeito, a inclusão $A \subset B$ se baseia na implicação ∀ x ∈ A ⊃ x ∈ B^1, o que leva à proporção inversa da extensão e da compreensão. Por outro lado, se nos colocamos no ponto de vista das possibilidades e dos necessariamente possíveis, temos B=AVA'; C=BVB', etc., donde (x∈B)⊃(x∈AVx∈A') e (x∈C)⊃(x∈B) V (x∈B'); portanto, se (V= ou): (x∈A$_1$B) V (x∈A'$_1$B) V (x∈B'A$_2$) V (x∈B'A'$_2$) V, etc.

Isso quer dizer (1) que quanto mais o encaixe considerado é largo em extensão (e pobre em compreensão), mais ele comportará subencaixes (exemplo em zoologia: um gênero → várias espécies; uma família → vários gêneros; uma "ordem" → várias famílias, etc. Uma "ramificação" → número bem maior de subencaixes possíveis.

(2) Por outro lado, um número crescente de relações necessárias resulta entre estas possibilidades: se x pertence ao todo, ele pertence, necessariamente, não somente a um dos diversos subencaixes possíveis elementares, mas ainda, pelo fato mesmo de uma seqüência ordenada, às inclusões de diversas escalas.

(3) Portanto, se um encaixe em extensão compreende múltiplos subencaixes (de diversas ordens) e variações entre eles, é evidente que cada um desses subencaixes é caracterizado por significações em compreensão mais ricas que as do todo e que sua hierarquia se baseia em "inerências" entre elas, que determinam as inclusões e que não derivam delas. Podemos, então, tirar duas conclusões: (a) se chamamos de "compreensão hierarquizável" a propriedade de o todo possuir (ou de tornar possíveis) uma quantidade mais rica de subencaixes, podemos dizer que há uma proporção direta

---

1. Fórmula que se lê "para todo x, se x é um A, ele é um B". Portanto, ∀ = para todo e ∈ = é. Lembramos que V = "ou" e ⊃ = "implica".

entre a extensão desse todo e a sua compreensão hierarquizável; (b) quanto aos conteúdos ou significações desses subconteúdos, que consistem, portanto, em variações qualitativas possíveis no interior do todo, nós os qualificaremos de "compreensão hierarquizada" e aqui ainda ela está em proporção direta e não inversa da extensão do todo.

(4) Essas conclusões devem ser colocadas em relação com o círculo dialético dos predicados → conceitos → julgamentos → inferências. Em movimento ascendente (↑), quanto mais os sistemas considerados crescem em extensão, mais diminuem as "compreensões" simples, mas o movimento descendente volta, ao contrário, a multiplicar, dentro do sistema total finalmente atingido, as compreensões "hierarquizáveis" e "hierarquizadas".

III - CONCLUSÕES

O círculo estudado neste capítulo é, sem dúvida, o mais geral dos círculos dialéticos próprios ao pensamento conceitual, considerando-o somente em confronto com seus elementos estáveis (predicados e conceitos) ou com os julgamentos e inferências, e limitando-se a ligá-los ou a extrair suas possibilidades ou necessidades de reunião do ponto de vista dos valores correntes de verdade. Mas, a partir do capítulo seguinte, nós nos encontraremos em presença de um fator mais profundo e mais polimorfo de dialetização, que será a implicação entre ações ou operações, bem distintas da implicação entre enunciados e tão distinta que vários autores não reconhecem a utilização possível dela, nem mesmo a existência enquanto fator dialético fundamental.

Portanto, se uma ação ou uma operação A ou B não é, com certeza, nem verdadeira nem falsa, mas simplesmente instrumento de transformação, a implicação A ⊃ B é, por outro lado, verdadeira ou falsa, uma vez que B é ou não necessário para A ou uma vez que a significação de B é englobada (ou solidária) na significação de B. Mas isso com a condição, é claro, de distinguir o aspecto causal do processo que depende de uma efetuação material e seu aspecto inferencial, só em jogo na construção das estruturas operatórias, que depende do sistema das significações transitivas.

Para preparar o estudo dessas implicações entre ações, é útil concluir este primeiro capítulo comparando o que se acabou de estabelecer no plano conceitual aos dados conhecidos na área sensório-motora, visto que é esta que está na fonte das ações e operações. Porém, essa comparação é fácil. Aos predicados, enquanto significações elementares, corresponde a assimilação das observações, pois é essa assimilação que lhes confere sua significação (por exemplo, "pode ser pego" ("desloca-se", "sólido", etc.). Aos conceitos correspondem os esquemas de assimilação, que se baseiam nas significações comuns a vários objetos. Aos julgamentos correspondem as atribuições novas e as diferenciações em subesquemas. Finalmente, às inferências correspondem seguramente as coordenações de esquemas.

Constatamos inicialmente que, assim traduzidas em termos sensório-motores, essas quatro etapas correspondem às etapas das seções I e II: em ordem ascendente ↑ dessa nova dialética, há efetivamente uma composição que conduz das significações elementares (assimilações diretas) às coordenações inferenciais de esquemas, e em ordem descendente ↓, há, ao mesmo tempo, justificações e multiplicações das possibilidades. É, portanto, o mesmo círculo dialético.

Mas o essencial é que esse círculo genético (incluindo o sensório-motor) nos conduz diretamente à implicação entre ações, visto que as inferências em jogo antes da linguagem não se baseiam nos enunciados, mas nas significações inerentes a um puro "saber-fazer" que já atua em múltiplos comportamentos animais e é bem anterior à compreensão conceitual.

Em outros termos, o círculo dialético estudado neste capítulo no plano conceitual é um caso particular de um círculo ainda mais geral, que engloba o sensório-motor como o representativo e que é o círculo fundamental das significações e de suas implicações mútuas.

CAPÍTULO II

UM EXEMPLO ELEMENTAR DE DIALÉTICA LÓGICO-MATEMÁTICA: PROBLEMAS DE IGUALAÇÃO E CONSTRUÇÃO DE DIFERENÇAS

com *A. Henriques e D. Maurice*

No decorrer do Capítulo I, examinamos um problema de dialética em lógica, o mais geral dos conhecimentos, e escolhemos a mais simples das situações dialéticas: a construção das interdependências entre subsistemas encaixados que se conservam mutuamente, sem oposições entre eles. Chegou o momento de passar a um exemplo lógico-matemático elementar, mas em que intervêm subsistemas de direções opostas (adições e subtrações). Além disso, no plano lógico geral ou conceitual em que o Capítulo I se situou, não se apresentou uma ocasião para discutir a natureza das implicações em jogo, exceto para anunciar nas conclusões (III) as relações prováveis entre as raízes sensório-motoras dos processos observados e a questão das implicações entre ações ou operações. Por outro lado, com a dialética lógico-matemática, o problema necessariamente se coloca.

Mas os matemáticos falam muito pouco de dialética, enquanto sua disciplina é, sem dúvida, a que produz o maior número de superações por síntese e a que mais constrói seus próprios conteúdos. A razão disso é que, como o supomos, a dialética constitui o aspecto inferencial da equilibração e não as deduções fundadas em estruturas equilibradas nem, principalmente, em suas formalizações. Essa ausência de interesse dos matemáticos pela dialética significa simplesmente que eles se apegam às suas conquistas, uma vez asseguradas, e não aos processos que conduziram a elas, enquanto em física a construção dos modelos pede um exame tão profundo quanto a utilização posterior deles. Mas, se a dialética lógico-matemática deve ser assim situada no campo da invenção e da heurística mais do que no campo das estruturas concluídas, resta distinguir nesses mecanismos de equilibração construtiva o que pertence ao seu aspecto "causal" (embora este se refira somente às atividades sucessivas do sujeito e não aos objetos materiais) e ao seu aspecto inferencial, este sendo o único propriamente dialético. O aspecto "causal" é caracterizado pela efetuação das operações e as reações a seus resultados constatados por leituras **"pseudo-empíricas"**[1] dos acertos e dos erros. O aspecto inferencial consiste, por outro lado, em implicações entre meios e fins ("funções de output" na teoria dos autômatos: situações x regras, ações) e, sobretudo, em implicações entre regras ou ações, quando se trata de completar ou substituir as que são conhecidas por outras a experimentar ("funções de transições") com antecipação de resultados e principalmente manifestação de suas "razões" em caso de problemas novos para resolver; portanto, de problemas a ultrapassar.

A pesquisa que se segue baseia-se em exemplos extremamente elementares (para mostrar a generalidade desses

---

1. Designamos sob este termo a leitura empírica do resultado de ações ou de operações de um sujeito.

processos dialéticos) de passagens progressivas de puras constatações pseudo-empíricas (sem o êxito das antecipações ou deduções) a inferências por implicações entre operações: por exemplo, igualar 2 ou 3 quantidades desiguais (3\5 ou 3\5\7) ou introduzir uma diferença entre quantidades iguais (3\3, etc.).

Técnicas. Dispomos de pequenos objetos idênticos (macarrão ou grãos de feijão) que apresentamos em 2 ou 3 coleções e uma caixa aberta de reserva que chamaremos de X.

Técnica A:

Ela coloca problemas de igualação de colunas ou de conjuntos numericamente diferentes e comporta as seguintes situações:

1. 3\5 (A\B) *a igualar*: Apresentamos à criança duas colunas de 3 e 5 elementos respectivamente; a disposição espacial respeita uma correspondência de termo a termo. Pedimos para a criança igualar as duas colunas.
   Regra: "Você pode fazer alguma coisa para que tenhamos a mesma coisa?" – "Você tem outra idéia?" – "Ache todas as maneiras possíveis de igualar as duas colunas."

2. *3\5\7 (A\B\C) a igualar*: Apresentamos à criança 15 elementos dispostos em três conjuntos: 3, 5, 7; ou, em seguida, outras divisões, tal como 1, 5, 9, e lhe pedimos, como anteriormente, para igualar os três conjuntos.

3. *4\4 (A\B) 1 A em B (diferença = 2n)*: Apresentamos à criança 2 colunas de 4 elementos cada uma. Uma vez que a

igualdade é reconhecida pela criança, escondemos uma coluna. Deslocamos 1 ou 2 elementos de uma para a outra (da coluna escondida para a coluna descoberta) e perguntamos à criança: "Quantos eu devo pegar na caixa (reservada = X) para ter de novo a mesma coisa?"

4. *A = B, tornar igual*: Apresentamos à criança 2 colunas de 4 elementos cada uma. Pedimos para fazer alguma coisa para que uma das colunas tenha dois elementos a mais que a outra (ou para criar uma diferença de 2 elementos entre as colunas).

Técnica B:

Começamos como anteriormente:

1. *3\5 a igualar*: Idem ao ponto 1, técnica A.

2. *4\4 (A=B): + 1 X em A*: Apresentamos à criança 2 colunas de 4 elementos cada uma; escondemos uma coluna e acrescentamos na outra coluna 1 elemento pego na caixa (reserva = X). Perguntamos então à criança: "quantos eu devo pegar na caixa para ter de novo a mesma coisa?"

3. *4\4 (A\B) 1 A em B (diferença = 2n)*: Idêntico ao ponto 3, técnica A.

. Ao contrário da técnica A, essa situação toma um lugar central na técnica B. Efetuamos várias vezes o deslocamento de elementos de uma coluna para outra, variando o número de elementos deslocados de A para B e estimulando a criança a ler uma regularidade ou a formular uma lei (segundo suas possibilidades).

Capítulo II

4. *A = B = n escondidos*: Procedemos como na situação 3 da técnica A, com uma pequena diferença: a criança desconhece o número de elementos que compõem as colunas do início; ela sabe somente que elas são iguais em número. Falamos, então, de conjuntos iguais ou de caixas de chocolates idênticas.

5. *A = B = n escondidos 1 A em B, 1 X em B*: Nesta situação, para responder corretamente, trata-se de compor dois tipos de ação: o que consiste em acrescentar a um conjunto de elementos provenientes da caixa (fonte exterior) e o que consiste em deslocar os elementos de uma coluna a outra (transferência interna).

Regra: "Eu vou te dar dois "macarrões", eu os pego dos meus (deslocamos 2 macarrões da coluna A para a coluna B); agora eu lhe dou mais 1 (ou 2), mas desta vez eu os pego daqui (caixa)" – "quantos macarrões você tem a mais que eu" ou "quantos eu devo pegar da caixa para ter de novo tantos quanto você?"

6. $C_1 \backslash C_2 \backslash C_3$ *escondidos, nC_1 em C_2, nC_1 em C_3*: Ou seja, 3 montes escondidos C_1, C_2, C_3.
O experimentador desloca n (= 1 ou 2) elementos de um dos montes aos dois outros.

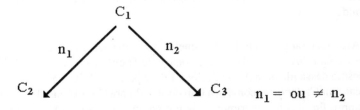

Pergunta: "qual é a diferença entre C_1 (conjunto de onde pegamos os elementos) e C_2; depois entre C_1 e C_3?"

Trata-se, nesse caso, de compreender que o que C_1 perde deve ser repartido entre C_2 e C_3 e não dobrado para cada um deles.

7. *A = B, tornar desigual*: Idêntico à situação 4, técnica A.

A dialética que as reações colocarão em prática consistirá em superações sucessivas, devido à construção de implicações entre ações ou operações.

§ 1. O NÍVEL I A

As igualações supostas pelos sujeitos deste nível de partida só resultam de falsas implicações, exceto em casos de simples simetrias espaciais (correspondências figurais):

FRI (3;7) para 3\5 (2 colunas paralelas) transfere 2 de B para A, donde 5\3. "*Precisa ficar igual*? – Sim (recoloca 2 de A em B, donde de novo 3\5. – Está igual? – *Não.*" Ele justapõe então 2 elementos de B e 2 outros pegos um de A e outro de B: "*É a mesma coisa. –* Por quê? *– Porque está colado.*"

VAL (4;7). Damos 2 para A e pedimos o mesmo para B: ele desloca 1 de A, donde 1\1. Damos 3 para A, ele transfere 1 para B, donde 2\1: "Temos a mesma coisa? *– Sim. –* Não tem um que tem mais? *– Não. –* Você tem quantos? *– 2. –* E aí? *– 1. –* Dá a mesma coisa?" *–* (Ele dá seus 2 para B, donde 0\3). Para 6\4 a igualar, ele tira da reserva X1 para A e 1 para B, donde 7\5. Etc.

CAR (5;0) para igualar 1\3\5 primeiro diz: "*Precisa ficar igual nestes dois conjuntos*" (C1 e B); ela coloca 1 de B em C e 1 de C em B. O mesmo passando para A, ela desloca 1 de B para A e 1 de A para B "para ficar igual", depois recomeça a transferir 1 B para C e 1 C para B. Como sempre fica 1\3\5, sugerimos a ela um recurso na reserva X. Ela então pega 1 C que ela coloca em X e pega de volta de X para C. Somente após isso, retira 2 C para X, donde 1\3\3. "*Não, só tem 1 aqui (em A) e ele gostaria de ter 3*": ela pega 3 no X para os acrescentar em A, donde

4\3\3 e, finalmente, ela retira 1 A. Para igualar 4\5, ela retira simplesmente 1 de cada: "*Vamos ver se é a mesma coisa* (ela conta). *Não, não está igual.*" Ela recoloca então 1 em cada um e conclui: "*Está idêntico, está bom.*" Apresentamos 3\3: "Você pode se virar para ter 2 a mais do que eu?" Ela retira 2 de cada um, donde 1\1.

KET (6;10), para uma coluna de 5 A e uma correspondência figural de 2 B em frente aos dois primeiros A, completa naturalmente essa simetria espacial acrescentando 3 B em frente aos 3 últimos A, mas para 6 espaçados em frente de 6 apertados ela nega a igualdade. Para 9 A e 2 B em duas fileiras, ela acrescenta 9 X aos 2 B: "Tem certeza? – *Sim.*" O mesmo para 6 A em coluna com intervalos irregulares (1... 3... 2) e 2 B paralelos no início dos A, ela acrescenta 6 X: "Temos a mesma coisa? – *Sim, eu acrescentei.*" O mesmo para 2 A e 10 B, ela acrescenta 10 X aos A.

O interesse desses casos é mostrar o quanto será necessário uma dialetização ulterior para dominar a implicação central entre ações que constitui a condição de toda igualação que só procede através de simples correspondência espacial (portanto, figural): é que, comparando duas coleções E_1 e E_2, toda adição em uma implica uma subtração na outra. Portanto, essa ligação, que se tornará mais tarde uma evidência de aparência puramente discursiva, resulta de uma superação através de síntese entre duas operações contrárias tão pouco conectadas no início, que os sujeitos precedentes não percebem, mesmo em suas explorações empíricas, a interdependência constante. Quando Fri, por exemplo, constata que em 3\5 B contém 2 elementos a mais que A, ele simplesmente desloca 2 B que coloca em A sem duvidar se B está igualmente enfraquecido e que obtemos 5\3 que comporta a mesma desigualdade, mas inversa. Para "ficar igual", ele recoloca em seguida 2 A em B, donde de novo 3\5 (ele só resolve em seguida, "colando" dois objetos em frente a dois outros). O sujeito Val vai tão longe em sua falta de antecipação da subtração que para corrigir sua desigualdade 2\1 ele dá no final seus 2 A para B donde 0\3! Quanto à Car, ela parece manifestar um início de ligação entre adjunções e supressões, mas de maneira muito curiosa, por igualação das ações, sem modificar os valores numéricos: três vezes seguidas, para duas duplas distintas de coleções E_1 e E_2, ela transfere 1 elemento de E_1 para E_2 e um outro de E_2 para E_1. Mesmo quando recorre para a reserva X, ela subtrai 1 C para colocá-lo em X e depois pega de volta 1 X para recolocá-lo em C! Nada é, portanto, modificado nos conjuntos iniciais (1\3\5), mas há ilusão de igualações devido aos sentidos contrários das ações, o que está ainda longe da implicação "adjunção em E_2, subtração em E_1".

Outras implicações falsas entre ações devem ser assinaladas, que são mais ou menos oriundas dessa falta de dialetização entre adições e subtrações. Uma é a da Val, que acha que, para igualar 6\4, basta acrescentar em 6 A e em 4 B duas quantidades iguais, na verdade duas unidades, donde 7\5. Há aqui uma negligência de uma implicação que poderíamos formular assim: "Acrescentar duas quantidades iguais Q em duas quantidades desiguais acarreta a conservação de suas diferenças." O sujeito Car apresenta o mesmo erro, mas em subtração: para igualar 4\5, ele retira 1 de cada, donde 3\4. Ela controla contando, "não, não é igual", mas acredita que resolve o problema acrescentando 1 em cada, esquecendo do desmentido anterior: "sim, está igual, está bom."

Certas conexões falsas são mais graves quando excluem a conservação do todo. Sabemos há muito tempo do erro de Ket, que acha que 6 elementos apertados fazem menos do que 6 espaçados. Mas o mais impressionante é a sua reação às grandes desigualdades A\B, tais como 9 A e 2 B ou 2 A e

Capítulo II

10 B. Nesse caso, ele acha que obtém a igualdade acrescentando à pequena coleção o valor da grande (dar 9 a mais aos 2 B ou 10 a mais aos 2 A), o que equivale a admitir que B + A = A ou A + B = B, incompatíveis com a conservação do todo, e aliás com a própria adição da qual as regras não são conservantes.

§ 2. O NÍVEL I B

A partir desse nível intermediário, há um início das interações entre adições e subtrações, mas somente nas relações A, B e C, inumeráveis:

SIM (4;11) para 1\3 recorre espontaneamente a X e pega 2 para A, donde 3 = 3. "Uma outra idéia? – *Não, porque se eu coloco 1 B em A...* (não vai dar certo). (Ele faz isso). *Ah bom, fica igual"*. 3\3 depois a gente esconde. *"Eu coloco 1 A em B.* – Quantos colocar em A para ficar igual? – *1 porque é a mesma coisa* (que o 1 transferido)". Donde 3\4. Para 3\3 pedindo para que B tenha 2 a mais que A: ele pega 2 X para B mas também 2 X para A dizendo: *"É a mesma coisa."* A questão, portanto, foi mal-interpretada. Uma vez compreendida, ele retira simplesmente 2 A.

SYL (5:3) para 3\5 pega 2 X para A donde 5\5. "E sem os X?" – (Pega 2 B e os coloca em A donde 5\3, e depois recoloca 1 A em B donde 4\4. Mas para 1\4\10 só procede através de transferência de 2 (uma vez) e de 1 donde: 3\3\10; 3\3\9; 4\3\8; 4\4\7; 5\4\6 e enfim 5\5\5. Para 4\2\9 ele chega até a uma transferência de 3, mas só chega em 7\3\5. Para 3\3 com o pedido de 2 a mais em A, ele coloca diretamente 2 X em A (portanto, 5\3 correto) mas, sem os X, ele desloca 2 B em A donde 5\1. Mesmas reações para 3 a mais.

RAF (6;7) não sabe o que fazer (mentalmente) para igualar 3\5. Para 1\2 ele retira o 1 de A para colocá-lo em X, donde 0\2 e coloca 1 B em A donde 1\1. Para 2\4 ele desloca 2 B para em X, donde 2\2. "Uma outra idéia?" – (Ele coloca 2 A em X, donde 0\4 e coloca 2 B em A, donde 2 =

2). Para 2\4 sem recorrer a X, ele transfere 2 B para A, donde a inversão 4\2. Para 1\3\5 ele coloca em X 2 B e 4 C, donde 1\1\1. Para "fazer de outra forma", ele coloca 2 X em A, 2 X em B, donde 3\5\5 e acrescenta 2 X em A. "Uma outra idéia? – (Ele refaz 1\1\1) – E de novo? – (0\0\0) – E sem usar o X? – (Ele conta os 3 B e desloca 2 C para em A). Mas é só um resultado pseudo-empírico, pois para 3\3, pedindo 2 a mais em A, ele transfere 2 B para A, donde 5\1. E para 3\3 transformar em 2 a mais em B, dá 1\5.

MAU (6;8) para 3\5 desloca logo no início 1 B para A, donde 4\4. "Como você contou? – *Eu não contei, eu tentei!* – E de outro jeito? – 5\3. *Não*. – você pode usar X se você quiser. – (Ele coloca 2 X em B) donde 5 e 5. E de outro jeito? – (Ele transfere 3 A para B). Em seguida, para 4\4 com uma captação em B e uma transferência de 1 B em A: "*O que você me dá para ficar igual?*" Ele responde corretamente: 2 X em B porque tem 5 em A e "*eu me lembrei que você só tinha 3 (em B), porque você me deu 1 (em A)*". Pareceria, portanto, haver aí uma coordenação das adições (transferências) e subtrações (diferenças), mas essa resposta correta só é uma constatação e uma evocação mnemônica pois, para uma transferência de 2 B em A, ele coloca igualmente 2 X em B para restabelecer a igualdade. O mesmo se 4\4: "O que fazer para que você tenha 2 a mais que eu?", ele transfere 2 de B para A donde 6\2. E partindo de 1\1 para ter 3 a mais em A do que em B ele dá 1 X a cada um, donde 2\2, depois transfere 1 B em A donde 3\1. "Quantos você tem (em A) a mais do que eu? – *3*."

O interesse dessas condutas é que, para igualar duas ou três coleções, os sujeitos não se limitam a tentativas por deslocamentos internos entre elas (o que só é mais bem sucedido no nível I A), mas recorrem espontaneamente à reserva X (enquanto em I A era preciso sugeri-lo). Ora, nessa reserva, sendo exterior às coleções A, B e C, seu valor numérico não entra em jogo e, se tirarmos dela *n* elementos, não é necessário levar em conta essa subtração, enquanto toda transferência entre as coleções implica a composição de uma adição com uma subtração. Falaremos, portanto, de "adições simples" para as que se efetuam a partir da reserva X e de "adições relativas"[1] para as que procedem através de deslocamentos entre coleções enumeradas. O mesmo vocabulário será empregado para as subtrações. No entanto, vemos que os sujeitos conseguem efetuar as igualações entre coleções desiguais, ou introduzir as diferenças pedidas a partir de coleções iguais, enquanto eles procedem através de adições ou subtrações simples, mas eles fracassam através de adições e subtrações relativas e conjugadas (= deslocamento de elementos de uma coleção para outra). Em termos de implicações entre ações, isso significa que eles compreendem que igualar duas coleções Y e Z, das quais a diferença é de n, implica a necessidade de acrescentar n elementos à menor ou retirar n da maior se estes n são pegos ou recolocados em uma fonte X exterior a essas duas coleções. Eles compreendem, em particular (ao contrário da Val, etc., no nível I A), que acrescentar ou retirar os mesmos n de Y e Z ao mesmo tempo não implica sua igualação e conserva, ao contrário, sua diferença. Eles compreendem *a fortiori* (ao contrário de Car, em I A) que retirar um elemento e o recolocar em seguida não modifica em nada, pois uma igualação numérica não se reduz a uma simetria entre as ações enquanto tais. Eles evitam mais ainda os erros, tais como o de Ket em I A, que chega a A + B = B, como se uma igualação entre A e B correspondesse a acrescentar B em A. Em suma, mesmo as operações elementares como a adição e a subtração "simples", enquanto instrumentos de igualações, já são o produto de construções que permitem superar as reações iniciais do nível I A. É verdade que essa superação não consiste ainda em uma síntese dialética entre

---

1. Ou adições por "transferências".

adições e subtrações, como a que exige a igualação por deslocamentos de elementos entre as coleções A, B e C. Mas já podemos falar de um início de dialetização na compreensão da alternativa, segundo a qual a igualação entre duas coleções Y > Z pode ser obtida tanto por uma "subtração simples" em Y quanto por uma "adição simples" em Z.

§ 3. O NÍVEL II A

As duas implicações ainda não compreendidas em I B são (1) que todo deslocamento de *n* elementos entre Y e Z produz uma diferença de Δ = 2n, se as coleções são iguais de início; e (2) se Y > Z com uma diferença de *n*, o deslocamento de nY para Z conserva a diferença, mas no sentido inverso Y < Z (exemplo corrente em I B : 3\5 dando 5\3 e não a igualdade antecipada pelo sujeito). Portanto, no nível II A, essas duas implicações começam a ser entendidas; a segunda por tentativas e a primeira sob a forma de uma diferença Δ maior que os *n* deslocados, mas não necessariamente Δ = 2n.

GIN (6;5) para 3\5 desloca 1 B para A e conta: "*Sim, há 4 nos dois*" (trata-se, portanto, de uma tentativa e não de uma previsão inferencial). – "Outra idéia? – ... – Você pode usar os X. – (Ela coloca 2 X em A) – Ou ainda? – (Ela retira 2 B para X) A = B = 4 (A escondido). (Ela desloca 1 A para B). Quantos damos para A? (longa reflexão.) – 2. – Por quê? – *Você acrescentou 1 no meu e (então) você tinha 3. Então, precisa acrescentar 2 (X em A) para fazer 5 e 5.* – Muito bem. Agora (A e B escondidos) eu desloco 3 B para A. Quantos damos para B? – *Eu acho que 5* (portanto Δ > n, mas não = 2n)." "Temos duas caixas de chocolates exatamente iguais. Eu lhe dou um e como todos os outros. Você come todos os seus mais aquele que eu lhe dei. Quantos você come a mais? – *Eu não posso saber porque eu não posso contá-los.*"

PHA (6;8); para 3\5, conta-os, transfere 1 B para A e conta de novo 4 = 4 mas, para "uma outra maneira" ele se limita a colocar 1 X em A, donde

Capítulo II

4\5, depois acrescenta 1 A. Para A = B = n (escondidos), *"eu coloco 2 A em B. Quantos acrescentar em A? – Talvez tinha 4 em B (e em A); com os 2 a mais dá 6. Em A, precisa acrescentar 2 porque pegamos 2"* (donde 4\6). *– "E se A = B = 2 e eu coloco 2 A em B? – Então dá 0 A e 4 B: é preciso acrescentar 4."*

CRI (6;10) para 4 e 4 com A escondido de onde deslocamos 1 para B: ele quer recolocar aí 2. "2, muito bem! Por que 2? *– Não, 3"*. Para 9 = 9 e transferência de 2 (A escondido), ele quer recolocar "2, não 3. – Por quê? *– Porque eu me lembro que era um pouco assim."*

GER (7;5) para 3\5; 3\5\7; 4\7\4 e 1\9\9, consegue todas as igualações por tentativas múltiplas, mas com correções dirigidas das quais cada uma melhora a precedente. Para 5\4\5 ele nega a possibilidade de igualdades, exceto de modificar C em 6. Para as transferências T de uma coleção a outra, ele começa pelo erro habitual: 1 a acrescentar para T = 1, como se a diferença Δ fosse de $\Delta = T$. Depois ele vê que $\Delta = 2$. "Você sabe por quê? *– Não*. – (recomeçamos com 4 = 4 e T de 1. Ele recoloca 2.) – Explique-me. *– Porque se eu tivesse dado 1, daria 4 e eu 5; e se eu tivesse dado 3, daria 6 e eu 5"*. Mas apesar dessa explicação, ele dá em seguida 3 para um T de 2, depois 5 para um T de 3, portanto $\Delta > T$, mas não $\Delta = 2T$.

ROL (7;8) depois da igualação de 3\5\7 diz que 11\3\1 darão também 3 coleções de 5 *"porque não recolocamos nada nem pegamos em X"* (= "nada tirado, nada acrescentado"). Mas para uma transferência de T de 1 A para B (iguais, A escondido) ela hesita entre 2 e 1 e decide finalmente 2 *"porque você tirou 1 lá (A) e o colocou ali* (B). – Então explique por que é 2 e não 1. *– Não, eu não entendo."* Ela chega a dizer que para 4 = 4 visíveis que *"lá (B) tem 4, então quando eu tiro 1 (de A) tem 5 (em B) e é preciso acrescentar 2 porque lá tem 3"* mas isso não impede de acrescentar 3 quando deslocamos 2: portanto, $\Delta > T$ mas não $\Delta = 2T$. Por outro lado, ela responde de forma brilhante à questão 4 = 4 (A escondido) quando colocamos 1 X em B com, além disso, uma transferência de 1 A para B: *"É preciso acrescentar 3 em A porque você pegou 1 X e 1 A; isso dá 6 em B. Em A só tem 3 porque você tirou, então precisa acrescentar 3"*. Mas para "eu acrescento 1 X ao B e eu desloco 1 B para A" ela responde *"vai dar sempre igual"* sem ver que isso dá 5\4. O mesmo para

A = B = 4 e fazer uma diferença de 2, ela acha que consegue fazer isso tanto com uma transferência de 2 A para B quanto com uma adjunção de 2 X em A.

Esses casos são instrutivos porque mostram, ao mesmo tempo, os inícios da adição relativa e o que lhes falta para chegar a uma dialetização propriamente dita. Esses inícios consistem em começar a compreender, logo após constatações ou experiências mentais, que uma transferência T consiste não exclusivamente em acrescentar n elementos ao conjunto final, mas também em retirar "alguma coisa" do conjunto inicial. Mas o grande interesse pela análise do que é um processo dialético é que esta "alguma coisa" que é retirada no início está longe de ser imediatamente concebida como idêntica aos n acrescentados no final, mesmo se os n se reduzem a uma única unidade. Se o sujeito compreendesse essa identidade de n no final $(+n)$ e no início $(-n)$, ele deveria naturalmente concluir que a diferença é, então, de *2n*, ou seja, que para restabelecer a igualdade é preciso acrescentar n ao conjunto inicial Y para compensar o que lhe tiramos e, além disso, n elementos suplementares para igualar os n com os quais o conjunto do final Z se enriqueceu. Portanto, é próprio das reações iniciais deste nível compreender que, simplesmente, se empobrecermos Y e enriquecermos Z, é preciso dar a Y um pouco a mais que o que lhe tiramos, e não o dobro: por exemplo 3 para 2 ou 5 para 3, etc. No caso de Ger, essa reação torna-se mais curiosa, visto que, para uma transferência de 1 compensada por uma adjunção de 2 (após constatação!), ele indica explicitamente a quais desigualdades levariam as adjunções de 1 ou de 3. Mas isso não impede, em seguida, de dar 3 para uma transferência de 2 e 5 para um de 3. O caso de Rol é ainda mais instrutivo, visto que o sujeito distingue e menciona claramente o que é preciso acrescentar a Y para compensar seu empobrecimento e para alcançar o enriquecimento de Z. No entanto, isso não a impede de dizer que "não entende" por que é preciso acrescentar 2 e não 1 para compensar a transferência de 1. A questão, então, é estabelecer o que Rol não compreende, ou seja, o que lhe falta para atingir uma síntese dialética. Em um tal caso, a resposta se impõe: o que lhe escapa ainda é a "identidade dos contrários"; portanto, o fato de que uma transferência seja, ao mesmo tempo, uma adição e uma subtração e, por conseqüência, que este $+ n$ e este $- n$ sejam encarnados *nos mesmos elementos n* simplesmente *deslocados*. Mas três observações devem ser formuladas. A primeira é que essa identidade dos contrários fornece sozinha a razão daquilo que, mesmo em Rol, permanece no estado de descrição ou de cálculo; mas um cálculo não é ainda uma explicação e pode permanecer, se ele não for guiado por uma inferência implicativa, em estado de análise fatual, o que é o caso em Ger e Rol. Em segundo lugar, se utilizarmos aqui o vocabulário de Hegel, não diremos como ele, ou ao menos como alguns de seus intérpretes, que todo conceito "contém" seu contrário enquanto pré-formado ou predeterminado nele de maneira estática, nós sustentaremos de maneira mais dinâmica que cada ação formadora de conceito ou operação implica seu contrário, o que enfatiza as atividades a construir e não as propriedades preexistentes a descobrir. Observamos ainda, em terceiro lugar, que essas implicações mútuas entre adições e subtrações que sintetizam suas formas "relativas" (e mais precisamente "relativizadas") só constituem um caso particular, aplicado aos números inteiros, a que chamamos em outros lugares de "comutabilidade", exceto quando invocávamos esse processo para explicar as conservações de quantidades absolutas, enquanto aqui se trata de conservar as igualdades entre coleções variáveis.

§ 4. O NÍVEL II B

Nesse patamar, a regra da diferença dupla Δ = 2 T é compreendida assim como sua razão, e nele começam as coordenações entre adições absolutas e relativas. Quanto às igualações entre coleções dadas A\B ou A\B\C, elas procedem logo de início através de compensações antecipadas das diferenças ou através da distribuição dos restos após obtenção de igualdades parciais:

ALA (7;7 avançado) acrescenta 2 para um T de 1, engana-se para T = 2 e corrige: *"Eu entendi, porque do outro lado você ainda não tirou (mas você vai fazê-lo), então há 4 a mais em B e do outro lado 4 a menos"*. O mesmo, se T = 10 então Δ = 20. Se A = B escondidos, então + X para B e T de 3 de A para B, ele calcula 3 X + 3 A + 3 A de diferença: *"Precisa dar 9 X para A"*. – É a mesma coisa dar 1 A para B ou 1 X para B? – *"Não, é diferente porque se você pegar 1 de A para B, dá 2 e o de X, dá 1* (de diferença)."

PAT (8;7) para 1\5\9 coloca 1 B e 2 C em A, donde 4\4\7, então distribui 3 dos 7 C entre as 3 coleções. Para 4\3\8 ele conta o todo e divide-o em 3 conjuntos de 5. Para 1\4\9 ele vê, em seguida, a impossibilidade. Para 4\4 com transferência de 1 (A escondido) ele dá 2 para A *"porque antes você tinha 4; você tirou 1 e não tem mais que 3; portanto (!) eu tenho 5 e você precisa de 2."* Para um T de 2, ele deduz que falta 4. Para T = 3 em 5\5, ele refaz o cálculo e conclui 6. Para fazer uma diferença de 3 em 5\4, ele coloca 1 B em A donde 6\3.

CEL (9;0) para uma transferência de 1 de A para B (A = B) diz que precisa acrescentar 2 em A *"porque colocamos um aqui (B), já dá 1 a mais e se retirarmos 1 de lá (A) dará 2 a mais* (de Δ)". O mesmo para T = 2 "dá 4". Mas para 2 X em A basta colocar 2 em B *"porque você não retirou de B, você colocou 2 (X) no meu (A)."* Para A=B invisíveis

Capítulo II

"*pegamos 1 X para A e mais 1, mas deslocado de B para A.*" – Quanto deve dar para igualar? – "*3 porque pegamos 1 para A, dá 1 a menos em B e pegamos mais 1 em B e o colocamos em A, ficam 2 a menos em B*", donde 2 + 1 = 3, a colocar de novo.

JAN (10;3) aplica e compreende já no início a regra do dobro "*porque retiramos de A* (o que acrescentamos a B), *então precisamos tornar a colocar o dobro*". Idem para 7: "*É 14, é sempre assim, sempre o dobro*". Por outro lado, também lhe ocorre de dobrar as quotas de X, mas ela se corrige e, para a questão A = B (escondidos) com 2 B retirados de X e transferência de 3 B para A, responde muito rapidamente: "*Precisa acrescentar 8 porque B tem 2 X a menos e ainda 6 a menos que vão para A, dá 8 que precisa acrescentar a A.*"

Neste nível, as implicações não permanecem locais, mas se compõem entre elas e se encadeiam de maneira inferencial, e a dialética adquire assim, em pleno sentido, sua significação de aspecto inferencial de equilibração. É assim que, para equilibrar em igualação as correções desiguais, o sujeito não procede mais através de simples tentativas, mas se dá logo no início objetivos ou programas em virtude da inspeção prévia das diferenças: Pat para 1\5\9 iguala em 4\4\7, depois distribui em 5\5\5 os 3 elementos que estão demais em 7, e para 4\3\8 ele se contenta em fazer a soma de 15 e de dividi-la em 3. Quanto às questões de transferências T com adições relativas, esses sujeitos vêem logo no início que a diferença Δ é de 2 T e justificam cada vez a necessidade de uma compensação por esse dobro: eles atingem, assim, o que chamávamos no § 3 de "identidade dos contrários", pois a operação de transferência é *ao mesmo tempo* adição e subtração; portanto, são *os mesmos n* elementos que são tirados de Y e acrescentados em Z. Mas, como já insistimos no § 3, não se trata de conceitos que "contêm" seu contrário, mas de operações formadoras e transformadoras que "implicam" seu contrário, o que é o caráter mais central de toda dialética.

Mas a dialética não se limita a sintetizar contrários e tem também como função de precisar as diferenças entre subsistemas distintos e de os coordenar tornando possíveis novas composições implicadoras. No entanto, é o que se produz neste nível quanto às relações entre as adições relativas próprias às transferências e às adições absolutas, nas quais podemos negligenciar as subtrações do início (como é o caso em X). Ala e Cel precisam sua diferença: para 2 X em A "você não os tirou de B", o que faz com que uma compensação deva ser efetuada, limitando-se a igualar acrescentado-o sem fazer intervir o dobro. Trata-se de saber compor as compensações a fornecer quando as diferenças entre duas coleções A e B resultam de uma mistura de transferências de n de uma para outra, o que faz que haja diferenças de $2n$ e adjunções de n' a partir de X, que provocam diferenças de n' e não de $2n'$. Mas é o que conseguem esses sujeitos ao calcular as compensações necessárias de $2n + n'$ "porque você não tirou de B", diz Cel. Etc.

No todo, vemos assim que o nível II B é caracterizado por vários saltos dialéticos em avanço em relação a II A e, além disso, solidários, fazendo que esse parentesco entre eles resulte em composições entre implicações; portanto, de sínteses produtoras de novidades ou avanços.

§ 5. O NÍVEL III E CONCLUSÕES

Algumas provas novas com composições de transferências malsucedidas em II B são dominadas no nível III, das quais uma comporta uma divisão entre duas coleções

Capítulo II 59

B e C com as transferências vindo de A (ou os aumentos de A, a partir de deslocamentos vindos de B e C conjuntamente[1]). Eis aqui um ou dois exemplos variados:

OLI (10;6). "Imagine uma outra criança e jogaremos em três. Eu dou 4 para cada um de vocês. Eu escondo os meus e os da criança. Eu pego para ele um dos seus e ainda um dos seus que eu me dou. Quanto a criança tem a mais do que você? – *Um momento por favor.* – Eu espero. – *3. Eu vejo a minha coluna; ela só tem* 2 (a mais do que no começo). *A criança tem 5* (a mais do que no começo): *ele tem 3 a mais* (que eu)."

PHI (12;0) 3 conjuntos escondidos: "Eu lhe dou 1 e 1 para a outra criança. Quanto você tem a mais do que eu? – *1 a mais, não, 3, porque você me deu 1, são 2 de diferença e você deu 1 para a outra, são 3 de diferença*". "Invente você mesmo uma pergunta: – *3 conjuntos de 4. Eu pego 2 do seu e a criança dá um dos dela.* – Você sabe, você? – *Sim, 3 a mais: eu peguei 2, são 4 a mais e a criança lhe deu 1, são 3*".

ROB (12;0) 3 conjuntos escondidos "Eu lhe dou 2 e também 2 para a outra. Quantos você tem a mais que eu? – *Cada um tem 4 a mais que você.* – Não. – *Sim, ah sim, são 6 a mais*. Faça-me uma pergunta – *Eu vou ganhar de você* (4 conjuntos escondidos A, B, C e D e transferências de 1 entre A e B e entre A e C sem tocar em D). – Você sabe? – *Sim, B tem 3 a mais, C 3 a mais também, e D=2 a mais*".

---

1. Como vários adultos ainda se confundem, resumimos o detalhe desta operação sobre um exemplo concreto, onde A = B = C = 10 e onde as transferências são de 3. A primeira transferência de A para B dá então 7 para A e 13 para B, donde uma diferença de 6. Se a segunda transferência fosse também efetuada de A para B, teríamos 7 - 3 = 4 e 13 + 3 = 16, donde uma diferença de 12. Mas se transferirmos de A (que ficou em 7) para C, donde A = 7 - 3 = 4 e C = 10 + 3 = 13. Nesse caso, a diferença entre A e C é de 9 como entre A = 4 e B = 13. Vemos então que essa diferença comum de 9 está no meio caminho entre 6 (= uma transferência de 3 entre A e B) e 12 (2 transferências de 3 de A para B), o que é natural, visto que os 2 deslocamentos se repartem. Mas a tendência inicial dos sujeitos é a de acreditar em uma diferença de 12, visto que há 2 transferências de 3 ou que ela é de 8 e não 6, se as transferências são de 2 e de 4 e não de 3, se elas são de 1.

ART (14;3) "3 conjuntos para você, 1 para J e 1 para mim. Eu lhe dou 2 e a J também. Quantos você tem a mais que nós? – 8. – Por quê? – *Eu tenho 4 a mais que você e 4 a mais que J. Eu coloco junto, são 8.* – Bom, começamos de novo. – Espere. *J me dá 2... Não, eu tenho 6 a mais. Ele me dá 2, esse é o mesmo sistema, são 4 a mais. Eu recebo ainda 2, 2 outros de você* (= outro sistema), *são 2 a mais para mim do que para ela, o que dá 6.* – Você tinha dito 8. – *Eu me enganei!* – Agora de novo 3 conjuntos. Do seu conjunto, você dá 2 para ela e 2 para mim. Quantos eu tenho a mais que você? (Portanto, a pergunta inversa da anterior). – *Espera: 6!* – Por quê? *Porque eu me desfaço de 4 (em relação a J), o que já dá 4 a menos que você, e depois como eu lhe dou 2, você acaba ficando com 2 a mais, então eu tenho 6 a menos.* – De novo 3 conjuntos: J dá um para você, você 1 para mim e eu um para J. – *Então... é o que nós tínhamos no começo: temos a mesma coisa, não?* "

É evidente que essas composições complexas marcam um progresso a mais na dialetização, não só porque elas são novas, mas integradas no sistema já construído graças aos anteriores, como também porque elas exigem sínteses entre operações de sentidos contrários.

De um nível ao seguinte a esse desenvolvimento e desde a passagem de I A para I B, verificamos as hipóteses propostas, segundo as quais a dialética constitui o aspecto inferencial da equilibração. Esta se manifesta, no caso presente, sob sua forma mais geral, que é a compensação a assegurar entre os fatores positivos e negativos das transformações; portanto, entre as ações aditivas e subtrativas. Quanto ao aspecto inferencial, ele se distingue do aspecto causal, que é relativo à efetuação das ações e ao registro de seus resultados, e consiste essencialmente em implicações entre ações ou operações, fornecendo às suas composições seus caracteres de necessidade e, sobretudo, suas razões, sem falar das antecipações que as dirigem: essas propriedades fundamentais se adquirem particularmente no momento da passagem dos níveis II A para II B, e se generalizam no nível

III. Assinalemos, enfim, que os fatos precedentes colocam em evidência um terceiro caráter da dialetização: contínuos avanços que distinguem as implicações entre operações que estão em jogo no processo maior de equilibração do que as que se limitam a assegurar as simples reequilibrações, tais como os retornos à coerência após a correção de um erro.

CAPÍTULO III

UM SISTEMA DE DESLOCAMENTOS ESPAÇO-TEMPORAIS

com *R. Zubel* e *E. Rapple du Cher*

A pesquisa a seguir tem como tema uma variação do jogo de xadrez bastante simplificada, mas para dois jogadores, o experimentador e a criança, cada qual dispondo de cinco peões num tabuleiro de 25 casas. Como tal, ela introduz ao menos três fatores dialéticos essenciais: (1) uma interdependência geral que se modifica sem parar (após cada lance); (2) uma relativização constante das significações, dado que cada mudança na posição das peças aumenta ou diminui as probabilidades de acertos ou erros; (3) uma utilização contínua das implicações entre ações e isso sobre um plano duplo, de maneira que não se trata simplesmente de inferir as conseqüências das próprias ações, mas de antecipar as manobras do parceiro, atuais ou previsíveis num futuro de possibilidades múltiplas.

O material é um tabuleiro de 25 por 25 cm comportando 25 casas de $5cm^2$ alternativamente pretas e amarelas. Chamaremos as colunas (da esquerda para a direita) pelas letras A, B, C, D, E e as linhas superpostas (de baixo para cima) pelos números 1, 2, 3, 4, 5. A criança dispõe de 5 peões vermelhos imantados que podem ser deslocados de uma casa a outra vizinha (mas entre casas adjacentes em cada lance, sem ação ou transferência a distância) e apenas segundo as direções permitidas, indicadas por flechas coladas sobre o peão (ver a figura correspondente à linha 5 das posições iniciais). O experimentador utiliza 5 peões azuis dispostos sobre a linha 1 em posições simétricas e inversas.

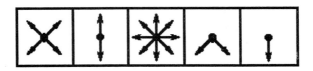

Disposições das peças do tabuleiro

Quando o peão de um jogador conseguir cobrir uma das peças do parceiro, esta será eliminada ("comida") e o jogo estará ganho quando um dos jogadores conseguir cobrir a "rainha" do adversário (= o peão de 8 flechas). As flechas serão chamadas ou = FI; = FII; ou = FIII e = FIV.

Posto isso, podemos distinguir seis níveis ou subníveis sucessivos na base das reações obtidas.

§1. OS NÍVEIS I A E I B

No nível I A, o sujeito não faz nenhum jogo de conjunto e se limita a deslocamentos individuais das peças sem relação entre si; portanto, sem ainda nenhuma implicação entre ações. Porém, se definirmos essas implicações como as relações necessárias entre as significações das ações, as relações I A tornam-se interessantes de analisar enquanto fase de construção dessas próprias significações, na medida em que condicionam tudo aquilo que está submetido a relações regulares e, *a fortiori*, toda implicação.

ROB (3;6) não chega, exceto em parte bem no final, a compreender o significado das flechas mesmo com as demonstrações iniciais e as

Capítulo III

indicações: "Essas coisas mostram aonde a peça pode ir" e, mais concretamente, "essas coisas são as pernas e as peças podem ir aonde elas têm as pernas" (com demonstração). Mostram-se naturalmente à criança alguns trajetos possíveis ou bloqueados. Dito isso, Rob mostra dois dos trajetos possíveis da rainha, o que é fácil (pois todos os são), o que não o impede a seguir de acreditar não ser válido seu deslocamento da casa B4 à A4 ainda que contíguas. Ele movimenta em seguida F I de D1 a E3 (3 casas em vez de 2 e obliquamente, o que é proibido para F I). Ele comete 4 erros consecutivos análogos, e reconhece enfim que uma reta F I não pode conduzir senão a um deslocamento vertical e exclui qualquer diagonal, mas sem concluir que é duplamente o inverso para F III. Os trajetos que, a pedido, ele aconselha ao adulto não mostram nenhuma relação com os seus, estes últimos sendo eles mesmos desprovidos de qualquer finalidade.

A partir do nível I B, o significado das flechas é em geral compreendido (salvo alguns erros locais), o que permite a construção das primeiras implicações entre ações, mas sob formas "simples" ou diretas A B e não ainda "compostas" (A B e B C), o que as tornaria transformações mais nítidas.

OLI (4;6) indica espontaneamente as flechas desde o início, como significando as direções a seguir. Colocamos F III em C3 e ele então responde que o peão pode ir para B4. "Onde mais? – *Aqui* (em D4)." Mas ele generaliza erradamente em D2, e depois com F IV em C3 reconhece que não se pode mudar para C2, porque "*ele não tem as flechas pra ir pra lá*". Para a rainha, ele indica as 8 direções possíveis. Estando F III em B3, o experimentador põe F I em A1. Oli conclui que deve evitar mover F III de B3 para A2 "*porque senão F I me pega*"(passando de A1 para A2), o que é um começo espontâneo de implicação simples baseada nas posições (espaciais). Por outro lado, para a rainha do sujeito em C5 e a do parceiro em C1, Oli prevê a passagem da sua rainha de C5 a D4 (correto) e da rainha do outro de C1 a C2 e daí para D3, por falta de alternância entre os movimentos dos jogadores, sempre reconhecendo que "*você não deve dar mais um passo*". Todavia, com isso suposto e estando as duas rainhas (obliquamente) contíguas, ele declara: "*E depois você vai me comer ou eu vou comê-lo: se eu tenho vontade eu posso e se você tem vontade você pode.*" Há, portanto, novamente, implicações simples e espaciais, negligenciando a sucessão temporal. Os mesmos erros logo em seguida para a passagem da rainha vermelha de C5 a C4 e da azul de C1 a C2 e a C3. No entanto, para a rainha vermelha em C4 e a azul em C2, ele passa primeiro a sua de C4 para C3 e imediatamente para C2 e diz "*se eu avançar eu posso comê-lo*", o que é novamente uma implicação espacial que negligencia a sucessão temporal, mas desta vez ele percebe o erro e o corrige, passando de C4 a D4, o que o protege: "*Se a azul quiser me comer* (em C3), *eu vou pular pra outra casa* (D4)." Isso não é mais que uma compreensão espaço-temporal momentânea e ele logo recai nos erros anteriores. Estes vão tão longe que, chegando a vermelha e a azul à mesma casa (erro de sucessões), Oli conclui: "*Elas podem brigar e aí depois elas se comem.*"

NAT (5;6). Mesmos tipos de reações. Estando as duas rainhas vizinhas, ela prevê que a azul pode comer a sua. "Como? – *Assim* (ela põe corretamente a azul sobre a vermelha). – O que aconteceu? – *Eu peguei sua peça.* – Mas é a azul que está sobre a vermelha? – *Sim.* – Então quem ganhou? – *Eu.*" Explica-se o erro. Ela então levanta a sua vermelha até C2, ali coloca a azul (passando-a de C1 a C2) e depois devolve a vermelha a C2, desta vez, portanto, sobre a azul e afirma tê-la tomado.

O interesse desses casos é que, tão logo se compreenda a significação das flechas e da captura das peças, temos implicação entre ações, dado que esta constitui uma relação necessária entre tais significações. Quando Oli diz: "Se eu avançar eu posso comê-lo", ele estabelece uma tal relação entre o deslocamento indicado e a captura possível, o primeiro constituindo seguramente uma condição necessária do segundo. Além disso, àquelas relações de caráter positivo (logo "se A então B"), pode-se acrescentar as de caráter negativo ("se A então não B") dizendo, por exemplo, que, para evitar ser capturado, basta a ele "pular para outra casa", afastando-se, portanto, de um peão adversário, ao invés de se aproximar dele.

Capítulo III

Pois, se há assim um começo de implicações, com notável limitação, explicando em parte por que essas implicações permanecem "simples" e não articuladas entre si, é porque elas se baseiam exclusivamente em relações de posição e de deslocamentos, mas negligenciando a ordem das sucessões. Dois peões ficando assim lado a lado, Oli conclui simplesmente "você vai me comer ou eu vou comê-lo", como se tudo não passasse, para o futuro vencedor, de uma questão de "vontade" e não de saber de qual dos dois jogadores é a vez de agir primeiro. Há aí certamente uma parte de esquecimento ou mesmo de incompreensão da regra do jogo que prescreve uma alternância entre as ações dos parceiros. Se não houvesse nada mais que isso, já seria interessante ver que as relações espaciais de vizinhança prevalecem tão claramente sobre aquelas de sucessão temporal. Mas há mais esquecimento, pois Oli vai até mesmo pensar que dois peões que chegam à mesma casa vão comer-se um ao outro como se essas duas ações não fossem incompatíveis, simultaneamente ou em sucessão. Essa prioridade do espacial sobre o temporal se explica pelas asserções bem conhecidas de Leibniz, segundo as quais o espaço constituiu a ordem das simultaneidades e o tempo, a ordem das sucessões. Portanto, psicologicamente, o simultâneo observável (por oposição ao inferido) é mais simples que o sucessivo, que supõe ao mesmo tempo as antecipações daquilo que se produzirá e as reconstituições retroativas do que já foi produzido.

Em síntese, as implicações nascentes próprias a este nível podem somente permanecer "simples" e não compostas entre si, por um lado por falta de programa de conjunto e, por outro, devido ao seu caráter quase exclusivamente espacial e não ainda espaço-temporal, por não se considerar a ordem de sucessão das jogadas, o sujeito esquece que os parceiros devem jogar cada um na sua vez de uma casa a outra contígua. Segue-se assim uma coordenação insuficiente entre as ações dos jogadores.

§ 2. O NÍVEL II A

A partir dos 7-8 anos, além dos casos intermediários desde os 6 anos, aparecem as implicações que se podem chamar de compostas, uma vez que podem coordenar-se entre si e segundo conexões espaço-temporais. Tais composições modificam localmente o estado do jogo ou dos peões e tornam possível um começo de dialética entre os próprios jogadores. Mas é por isso que não há de saída um programa de conjunto e que se trata apenas de "projetos" parciais: daí uma série de subetapas progressivas na base desta etapa:

RIN (6;3) para uma azul em B2 ainda diz "*assim eu posso lhe pegar*", saltando de B4 a B2, esquecendo-se da obrigação de só passar para casas adjacentes, enquanto, em seguida, para a rainha azul em B3 e F III em C4, ela prevê: "*Eu posso me salvar aqui*" (C4 para D3) *porque lá você não pode saltar uma casa* (C3)". Ela antecipa da mesma maneira vários deslocamentos que lhe permitem tomar uma azul ou evitar ter alguma peça tomada, mas por implicações "simples" e não ainda compostas, tendo o progresso de levar em conta as sucessões temporais; ela diz, com efeito, "*eu posso ir lá, e depois lá e depois lá*", colocando o dedo na casa onde ela se propõe a chegar.

PAC (7;6) começa por algumas implicações simples: "*ela* (F4) *pode vir para cá e aí você não pode me pegar*" ou "*como você pôs a sua lá, eu estou aqui, então eu vou poder lhe pegar*", etc. Depois ele passa a um "projeto" com implicações compostas: "*Eu tenho uma boa idéia com a rainha* (vermelha em C5, azul em C1 e F III vermelha em D5): *ela pode ir pra lá* (vermelha em C4) *e a outra, lá* (C1 para C2) *e depois* (jogada 3)

Capítulo III

ela pode ir para lá (D5 a C3: erro aqui por passagem ilícita através de D4)." Na 4ª jogada, a rainha azul suprime F III em C3, mas logo em seguida (na 5ª jogada) é comida, por sua vez, pela vermelha: em C3 "*sua rainha vai me comer e minha rainha vai comer a outra rainha*". Existe aí, portanto, um plano astucioso que seria perfeito se F III partisse de D4, mas que, por causa desse erro, revela uma coordenação entre 3 elementos e 6 posições distintas. Num projeto análogo, Pac diz: "*Eu vou perder esta peça* (F III), *mas já que não é a minha rainha, o que é que isso pode me fazer?*" Assistimos, noutro caso, a construções de implicações entre possibilidades: para F I vermelha em E3 e F IV em E1, ele diz: "*Se eu vier aqui* (F I de E3 a E2), *ela* (azul) *não pode me pegar*". Enquanto a vermelha (F I) "*tem a flecha pra lá* (direção inversa)". Ou ainda esta dupla condicional: "*Se eu tomar essa peça* (vermelha) *e a colocar lá e se essa aqui* (azul) *foi pra lá, então ela ficará bloqueada*". Ou "*Se ele vier pra cá* (o azul de C3 para D4) *eu a pegarei* (com a rainha vermelha) *e se ele vier pra cá* (C3 a D3) *eu a pegarei também*. – E C3 para D2? – *Aí eu não vou pegar.*"

LAU (7;1) anuncia de saída o que deve ser chamado de projeto e não ainda de um programa, porque muito pouco diferenciado, em função das reações a prever (e não previstas) do parceiro: ela quer ao mesmo tempo "*ir cada vez mais longe* (do estado inicial) *para comer as peças do outro*" e "*movê-las da menor para a maior*", por ordem de importância: "*a menos importante é F II, depois F III, depois é esta aqui* (F II) *e depois é a rainha.*" Ela avança então F I de A5 para A4, enquanto F IV azul sobe de A1 a A2 e depois a vermelha de A4 a A3, onde ela é comida: "*Esta aqui* (F I) *não pode fazer grande coisa e tanto faz se ela me pegar. Eu vou tomar as mais fortes.*" O experimentador pede a ela um conselho sobre o que seria melhor, mas Lau só pensa em seu próprio interesse e a ele sugere afastar a rainha "*porque eu não quero perder as mais importantes.*" No momento seguinte, entretanto, ela se identifica com o adversário: "*É preciso ir pra trás, porque se você recuar eu não posso comê-lo, eu não posso ir pra lá.* – Então é bom ir pra trás? – *Sim, é muito bom mesmo.* – Para quem? – *Para você.*"

SAM (7;6) tem sucesso em projetos locais, tais como os seguintes: estando a rainha azul em C2, a vermelha em A3 e F III vermelha em C5, ele anuncia "*Você pode avançar a rainha de C2 para C3 e assim eu posso comê-lo.* – Como assim? – *Porque se eu avançar aqui* (C4 para B3), *você me pega,* (C3 para B3) e *cuidado: porque eu estou lá* (com a rainha vermelha), *aqui* (em A3) *eu posso pegar sua rainha*." Ele nem mesmo verifica.

VER (8;0) enumera todos os deslocamentos possíveis e suas implicações sobre as diferentes peças vizinhas para deduzir as ações que não se devem efetuar, bem como as adequadas; ela põe sua rainha em D4 "*porque ela pode ir lá, lá, lá,* etc. – O que vai acontecer com você agora (estando todas as azuis na linha 2)? – *Vão me comer, porque se eu passar para cá* (F IV de B4 para A3) *me comem, se eu passar para cá* (B4 a C3) *também, se eu passar para cá* (E4 a D3) *também e se eu passar com esta aqui* (a rainha) *de D4 para D3 ou C3 me comem também...* – E então? – *É preciso que eu vá pra outro lugar.*"

O mais jovem dos sujeitos (Rin) ainda se atém a implicações "simples": antecipação de uma nova posição e de seu resultado a partir da situação atual do peão considerado, mas ela já sabe considerar várias posições sucessivas, levando em conta sua ordem temporal. A partir do sujeito Pac, por outro lado, podemos falar de implicações compostas segundo as seguintes formas diversas. A primeira consiste em considerar dois peões e prever várias situações que se organizam sucessivamente: 1 leva a 2, que leva a 3, etc.; ver, por exemplo, as 5 jogadas sucessivas que Pac antecipa quando tem sua "boa idéia com a rainha". A segunda volta a deduzir o resultado de duas condições que se realizariam ao mesmo tempo (cf. a dupla condicional de Pac, no final, ou as duas possibilidades que ele compara logo em seguida). A terceira pode-se considerar como um projeto de conjunto, mas em que o detalhe não foi programado e, sobretudo, em que os resultados das atualizações eventuais não são ainda dedutíveis pelo sujeito: é o que faz Lau, quando anuncia que se deve "ir cada vez mais longe", "movendo-as da menor

Capítulo III

para a maior", ou seja, por ordem de "importância" (número de flechas). A quarta consiste, enfim, numa enumeração preliminar das possibilidades que uma dada situação abre, o que bem constitui uma espécie de composição de implicações, mas a título de comparação antecipatória que precede as escolhas do procedimento a adotar.

Não obstante, se assim podemos falar em operações compostas, elas não atingem ainda, nesses sujeitos, mais que o estabelecimento daquilo que chamaremos de "projetos" por oposição aos "programas". A diferença entre os dois é que os primeiros se dirigem a setores limitados e mantêm-se relativamente rígidos, sem uma consideração suficiente das variáveis possíveis da situação de conjunto e notadamente das interações eventuais com outros setores ou das reações prováveis do parceiro. No que concerne aos últimos, podemos ver, por exemplo, Lau se identificar por instantes com o adversário e prever, nesse caso, o que lhe é útil, mas numa situação precedente aconselhar a se afastar para favorecer seu próprio projeto, que é o de conservar as peças "mais importantes". Não há ainda, portanto, reciprocidade entre os jogos dos parceiros, tais como eles poderiam ser previstos, se o sujeito atribuísse ao adversário projetos análogos ao seu, e se este não estivesse centrado num único peão ou um peão principal ao qual o sujeito se limita a antecipar e depois a facilitar os avanços. No caso de variação imprevista, o sujeito fica então aturdido e momentaneamente desadaptado. Em suma, o que falta a este nível é, pois, a compreensão de uma interdependência geral e, portanto, da transformação contínua, atual ou possível das situações, o que pode se opor à realização do "projeto", mesmo que limitado. Em outros termos, as limitações que assim subsistem devem-se essencialmente à falta de relativização, pois o valor das peças equivale a nada mais que o número de suas flechas e não à relação entre elas e suas posições: Pac considera, por exemplo, a perda de F III como não comportando nenhum perigo e Lau, a flecha F I como "a menos importante", sem desconfiar que tanto F I quanto F III poderiam ter, de acordo com o caso, um papel essencial na conquista da rainha azul ou na realização do "projeto" em momentos de variações imprevistas.

§ 3. OS NÍVEIS II B E III

A partir dos 9-10 anos (nível II B), essas diversas falhas ou lacunas são corrigidas ou preenchidas freqüentemente de forma notável pela passagem dos "projetos" locais aos "programas" de conjunto:

ROB (9;6) tem por programa geral avançar "*tudo ao mesmo tempo um pouquinho*"(passagem da linha 5 de saída às seguintes, mas como o parceiro fará o mesmo de 1 a 2, etc., com o objetivo de "*comer as minhas que avançam*", trata-se de duas dinâmicas recíprocas, tratar-se-á de ajustes contínuos com "projetos" ou submetas parciais e modificáveis: "Há alguma peça boa para se ganhar?" – *Isso depende: se você fizer uma coisa, eu começarei com uma, se você fizer uma outra, eu farei outra.*" Ele dá então um ou dois exemplos de implicações compostas e propõe: "*Eu posso pegar um pouco em cada lugar: preciso ver o que você vai fazer.*" Existe, portanto, relativização de princípio, desde o início formulado explicitamente (quando perguntamos se "foi uma boa idéia ter avançado a rainha?") em: "*Isso depende da situação do jogo.*" No específico, trata-se ora de uma captura: "*Eu avançarei esta aqui: desta forma, eu terei a possibilidade de pegar aquela*"; ora de uma proteção ("*eu desloco esta aqui para avançar também as outras porque é preciso que uma proteja a outra*") ou de uma pesquisa (ele desloca um peão) "*para ver se eu posso comê-lo, mas eu não sou burro para fazer isso, porque aí você me come com a sua rainha.*" Ele raciocina mesmo sobre bloqueios considerados momentâneos: "Eu não vou bloquear esta aqui? – *Bloquear, sim, mas de uma jogada para a outra você vai mover essa*

Capítulo III

(que bloqueia)." Rob considera sem cessar as possibilidades: "*Você talvez avançará esta aqui*" ou "*eu não posso saber o que o outro fará; posso apenas supor.*"

HER (10;6) tem como programa de conjunto "*avançar para frente*" todos os peões como Rob, mas especialmente um ou dois "*para proteger a rainha*". Mas como ele prevê que o adversário adotará o mesmo procedimento, ele prevê (por uma bela antecipação) o momento em que as duas rainhas se aproximarão, e em que a vitória dependerá, não mais como dizia Oli (em I B), da "vontade" mais forte de um dos parceiros, mas sim da ordem de sucessão temporal imposta pelas regras do jogo e que se aplica aos intermediários entre as duas rainhas: "*Se for você que vai começar, eu posso ganhar e se for eu, eu não posso ganhar*" (ele mostra com detalhe o porquê). Mesma relativização no que concerne às posições: "E se eu subir minha rainha assim? – *Você não pode porque aqui você tem mais possibilidades que lá*". Existe portanto, além dessa abertura ao possível, uma procura de otimização. Notar também que, ao abordar um novo jogo (= outra situação de partida), Her prefere uma reorganização geral a uma repetição do programa precedente. Em suma, cada possibilidade de ação é lida dentro do conjunto do possível, o que conduz a composições de tipo superior, que podemos formular pelas inferências da forma: "Se A então B e se B então C."

Assim, parece claro que desde o nível II B se constitui uma dialética real entre o jogo do sujeito e aquilo que ele não se limita a constatar, mas que ele antecipa sem parar nas ações do adversário. Essa dialética intersistêmica é, além disso, ora "engendrada por", ora fonte de uma dialética intrasistêmica, que consiste numa interdependência geral dos elementos do sistema, quer se trate dos peões com suas flechas e suas posições ou da transformação contínua das situações a aparecer. As implicações próprias a este nível II B podem então ser ditas "transformacionais", na medida em que podem modificar o estado total do sistema e mais precisamente as relações entre os jogos respectivos dos dois parceiros, enquanto as implicações já compostas do nível II

A levam somente a mudanças locais e constituem apenas um início de dialética com predominância das relações intra-sistêmicas.

Quanto ao nível III (11-12 anos), os progressos (ou conclusões) que o caracterizam se limitam a duas associações, em que a única característica comum é a de comportar, dentre outros, um certo aspecto de negação ou de exclusão: seja reconstituir dedutivamente aquilo que se passaria, se o sujeito tivesse adotado uma possibilidade que ele, na verdade, rejeitou e que está assim excluída do jogo, seja bloquear um peão do adversário, para tirá-lo do jogo.

COR (11;0): *"Se agora você me pegar aqui, eu o pego com a minha rainha. Eu poderia tê-lo pego também com essa aqui, mas eu escolhi a rainha, porque se alguém chegar eu posso recuar."*

JOS (12;1), após explicação de seu trajeto: *"É melhor assim, porque se eu tivesse movido esta aqui você teria podido me pegar lá e lá também. Por outro lado, você poderia ter-me pegado se eu tivesse avançado aqui."*

URI (13;3): "Você tem um plano? – *Talvez; é preciso jogar primeiro e ver como a partida se organiza.*" Mas, uma vez que o bloqueio é considerado até aqui como um acidente contingente que se deve evitar para seus próprios peões, o primeiro passo de Uri é servir-se dele como arma contra o adversário: "O que você conseguiu deslocando essa peça? – *Impedi-lo de vir para cá.*" Além disso, ele põe sua rainha num ponto e mostra que se ele a tivesse posto em outro lugar, *"você poderia ter passado para lá"*, etc.

Em síntese, trata-se nesses casos de deduzir por implicações as conseqüências que teriam tido a efetuação de uma ação possível, mas que não foi de fato escolhida. Da mesma forma, as ações que ele poderia ter executado e cuja possibilidade está daqui para frente excluída. Como sabemos pelas nossas

Capítulo III

pesquisas anteriores, o sujeito toma apenas tardiamente consciência das características negativas das ações. Isso se verifica mais uma vez neste caso particular.

§ 4. CONCLUSÕES

Contrariamente a um enunciado, uma ação não é nem verdadeira nem falsa, mas pode apenas ter sucesso ou falhar em atingir seu objetivo, o que é algo totalmente diferente. No entanto, uma implicação entre ações A1 e A2, onde A1→A2, pode ser dita verdadeira ou falsa conforme A2 seja necessário a A1 ou não. Mas o que representa essa necessidade? Mesmo no domínio dos enunciados conceituais, a implicação p→q não comporta necessariamente a verdade de p e de q e repousa sempre em definitivo sobre as significações, e Henriques nos lembrou de que existem as implicações entre predicados, tais como "vermelhos → colorido", em que estes não são nem verdadeiros nem falsos, enquanto sua implicação é verdadeira. Faz-se necessário, pois, recorrer àquilo que temos chamado de "implicações significantes", tais como p→q se uma significação transitiva de q está englobada na de p, o que se aplica então igualmente às ações, e Henriques sugere mesmo batizar de "implicações constituintes" às suas formas elementares, das quais surgirão as implicações entre ações, definidas como as relações necessárias entre seus significados.

Mas resta, como repetimos constantemente, distinguir essas relações inferenciais (sendo a dialética o aspecto inferencial da equilibração) das relações causais e teremos a felicidade da convergência completa, quanto a esta distinção, com a opinião de Henriques, quando declara que "a ordem de produção das ações com seus encadeamentos causais mantém-se sempre heterogênea à ordem dos significados correspondentes com suas relações inferenciais". Donde "a dualidade irredutível entre os planos, ainda que inseparáveis, da produção e do significado das ações".

Ora, como os significados são sempre solidários e interdependentes (ver o Capítulo I), existe um círculo genético entre eles e as implicações: as implicações "constituintes" estão na fonte dos significados mais simples, enquanto as mais complexas produzem novas implicações significantes. Isso não é contraditório com a sucessão de nossos níveis I A e I B, no qual a construção do significado das flechas em I A precede as implicações descritas em I B, pois as flechas são apenas indícios de que a compreensão supõe implicações constituintes implícitas, tais como "movimento → direção", etc.

Dessa forma, lembremo-nos dos diversos tipos de implicações entre ações observadas nesta pesquisa. As primeiras (I B) permanecem "simples" e poderiam também ser chamadas "diretas", na medida em que descrevem apenas os observáveis espaciais sem composições espaço-temporais.

Elas comportam tanto formas negativas (A → não B), por exemplo, não deslocar F III de B3 a A2 "porque senão ele me pega"(Oli), quanto positivas (A→B). Com o nível II A começam as implicações compostas com as quatro variedades descritas no § 2. Já todas espaço-temporais, elas não são ainda pouco ou nada transformacionais, pois permanecem locais ("projetos" e não já "programas") e, em caso de variações imprevistas, o sujeito fica momentaneamente desadaptado por não as ter antecipado. No nível II B, ao contrário, elas se tornam transformacionais, considerando o conjunto do sistema e originando uma dialética efetiva entre os jogos dos parceiros.

Essas composições inferenciais atuam sobre o possível e o necessário, conduzindo ao nível III, até reconstituir as transformações que haviam sido possíveis ("eu poderia ter também... etc."), mas não foram atualizadas em vista de suas falhas.

CAPÍTULO IV

DE UMA ORDEM DIRETA AO SEU INVERSO

com *A. Border e D. Crapon de Caprona*

Talvez seja interessante estudar a dialética das implicações entre ações em uma situação bem elementar e por ela própria imediatamente dialetizável; e, nesse sentido, trata-se somente de transformar uma ordem vertical I, II, III em seu oposto colocado paralelamente a ele III, II, I, depois de voltar à ordem inicial por inversão da inversão. Mas é evidente que se o objetivo a ser atingido é também simples, o jogo só será interessante tanto para o sujeito como para o observador se o procedimento comportar algumas argúcias. Assim, utilizamos um quadro retangular de 25 x 5 cm dividido em 6 compartimentos (casas), dos quais os conteúdos iniciais são os seguintes: em 1, uma locomotiva L; em 2, um vagão branco V1; em 3, um vagão marrom V2;

1	4
2	5
3	6

em 4, um cubo branco B1; em 5, um segundo cubo, igual, B2; e em 6, um lugar vazio. A inversão solicitada consiste em deslocar os cubos de casa em casa sem os levantar, até colocar a locomotiva L em 6, o vagão V1 em 5 e V2 em 4. Esse procedimento é, portanto, o do jogo chamado o "jogo de paciência", mas, sob a forma tão simples como a que adotamos, as transformações pedidas equivalem a inverter a ordem linear L V1 V2 em V2 V1 L em relação ao sujeito e a conservar a ordem circular em relação à figura, seguindo os trajetos à direita e à esquerda ou o inverso, donde o interesse do problema estudado.

§ 1. O NÍVEL I A

Neste patamar inicial, não observamos nem composições antecipadas entre deslocamentos nem, portanto, implicações entre ações:

DOM (4;15) compreende bem a regra: o trem "deve partir deste lado do jogo"(4-6). "E a locomotiva vai estar onde? – (Ele mostra o 6). – Então arrume. – (Ele coloca B2 de 5 em 6 e B2 de 4 em 5). – O que você pode fazer? – *Ah! Bom, colocá-lo de volta desde lá* (ele mostra 4 a 6, depois recoloca B1 em 4 e B2 em 5). *Eu acho que não posso retirá-los* (os B) *mas estes* (trem) *podemos mexê-los".* Ele empurra em vão L para baixo e diz: *Preciso mexer dois* (os V) *e fazê-los partir de lá* (gesto vago 4, 6)". Ele leva então a L, V1, O, B1, B2, V2 (ver a nota 1 da página seguinte) depois ele recoloca V2 em 3. "Não há um outro? – *Não, porque aqui* (B1 e B2), *há 2, então eles não podem entrar neste aí* (casa 6) – E isto (B2 de 5 em 6)? – *Ele pode vir* (ele coloca V1 em 5, donde B1, V₁, B2 em 4-6, depois recoloca V1 em 2 e B2 em 5). – Se o trem for no outro sentido, a locomotiva deve vir de onde? – *Ah!* (hesita entre 4 e 6 que ele mostra mais tarde)". Ele a coloca em 4 seguida dos B e depois a recoloca em 1 porque em 4 "*ela está sozinha"* (= sem vagões). Ele deixa então B1 e B2 em 3 e 4, coloca V2 em 6, V1 em 3 e L em 2, o que faz uma seqüência L, V1, V2 em 2, 3 e 6 que o satisfaz: "*Então, quando ele quiser voltar ao seu lugar, ele faz assim* (1, 2, 3)." Depois disso, para fazê-lo avançar, coloca B1 e B2 em 1 e 4 e dispõe o todo em B1, V1, V2 B2, L, O. – "Mas você não me disse que a locomotiva devia ir para lá (6)?" – *Ela não pode, não vale a pena avançar V2* (de 3 para 6) *porque*

Capítulo IV

L, seu lugar é lá em cima (1) e V2 vai bem embaixo. – Mas para que a locomotiva parta na sua direção (lembramos a direção 4, 5, 6)? – *Aqui está bom* (L de 5 a 6 que está vazio!) *mas precisaria que ela voltasse para o alto* (em 1). – O que é que impede? – *Esta aqui* (B1 em 1)." Ela coloca B2 de 4 em 5, L em 4 e mostra a permutação possível de L e B1, donde o retorno desejado de L em 1, porque "*a locomotiva carrega grandes vagões e eles não podem ser todos colados quando jogamos este jogo e se ele quer voltar ele se coloca lá e lá* (posições iniciais)".

OLI (4;6) compreende também que se colocarmos L em 6, e dispormos "o trem no outro sentido", teremos V1 em 5 e V2 em 4, o que constitui portanto uma leitura correta da ordem interna contrária a conservar em virtude da regra. Mas se o objetivo a ser atingido é assim compreendido (condição anterior da interrogação), resta a analisar os meios empregados, o que constitui o objeto próprio da pesquisa. Portanto, Oli começa deslocando B2 de 5 para 6, B1 de 4 para 5 e L de 1 para 4, depois V1 de 2 para 1 e V2 de 3 para 2, o que dá no total V1, V2, 0   L, B1, B2.[1] "E depois?" Ele avança V2 de 2 para 3, V1 de 1 para 2 e recoloca L de 4 em 1, o que traz de volta, portanto, o trem para o ponto de partida, L, V1, V2 0, B1, B2 e só modifica o 0, que passou assim de 6 para 4. "Mas o trem está como antes, como você faz para colocá-lo do outro lado?" Ele desloca B1 (5 4); B2 (6 5); V2 (3 6); V1 (2 3) e L (1 2), o que dá 0, L, V1 B1, B2,V2. Ele pensa então em colocar L em 3, sem dúvida para inverter verticalmente a ordem inicial em V, V, L e lembramo-lhe que L deve chegar em 6. Ele termina então em V1, 0, V2   L, B1, B2 e como não há mais nenhum progresso, pedimo-lhe para jogar como quiser: após ter aproximado os dois V e os dois B, ele descobre então o método que consiste em colocar em cada casa que ficou vazia 0 o conteúdo da precedente, o que chamaremos de "circularidade empírica", diferentemente das circularidades antecipadas e, portanto, inferenciais. Ele chega assim por acaso à boa solução B2, B1, 0   V2, V1, L mas levado pelo seu jogo de rotações, não vê assim que tenha atingido a inversão pedida e continua a fazer várias voltas para em seguida tornar a partir no outro sentido. Nós o paramos em V2, B2, B1   V1, 0, L mas, ao invés de colocar V1 em 5 e V2 em 4 deixando L em 6, ele quer colocar L em 3!

---

1. Esta notação corresponde à seqüência das casas 1, 2, 3, 4, 5, 6, a barra que separa a coluna esquerda da direita e o 0 que indica a casa vazia.

Se um dos caracteres essenciais da dialética é a síntese de um sistema de ações e de seu oposto ou a passagem possível de um ao outro por operações de inversão, o interesse evidente dessas reações do nível I A é o de serem anteriores a essa dialética, ou seja, na espécie, de não compreenderem em que constitui a possibilidade de uma inversão da ordem linear L, V1, V2 em V1, V2, L. No entanto, eles compreendem bem a regra sob a forma do objetivo a ser atingido, e invertem facilmente, mesmo em pensamento, o objeto "trem" enquanto objeto sólido que não se separa. Mas, assim que se torna necessário decompô-lo na ordem inversa, essa inversão por etapas não é compreendida, e Dom, até o fim, afirma que o verdadeiro "lugar" do trem é sua posição inicial, enquanto Oli, tendo obtido a solução pela "circularidade empírica", não vê que ele a encontrou e não pode reconstituí-la, mesmo quando ele tem sob os olhos a penúltima situação que o conduz a ela diretamente. Em suma, o que falta a esses sujeitos são as composições de deslocamentos que permitem inferir a inversão desejada através de ações ou de deslocamentos indiretos, pois o sujeito permanece centrado nas configurações do conjunto e persegue de fato três objetivos ao mesmo tempo sem conseguir coordená-los.

No que concerne aos conjuntos, é surpreendente perceber que B1 e B2 permanecem sempre juntos, de fato com Oli e mesmo, em princípio, com Dom, quando ele diz que "não podemos levantá-los (= separá-los), mas estes (os V) podemos mexê-los". Quanto aos três objetivos que o sujeito persegue constantemente, sem falar ainda da circularidade empírica, (1) é a transferência dos 1 3 para 4 6 já concebida como uma espécie de inversão lateral: vejam o número de vezes em que Oli coloca L em 4 e principalmente Dom que, para colocar o trem "no outro sentido", hesita entre

Capítulo IV

4 e 6 para L e o coloca em 4; (2) a inversão vertical: colocar L em 3 sem mudar de coluna. Quanto ao objetivo (3), explícito para Dom, é o de colocar L em uma situação em que ele possa "voltar para cima" (portanto, em 1 = seu verdadeiro lugar) mesmo se 6 estiver livre e o L já no 5. Resta então um método corrente a este nível: estando uma casa vazia (0), a conduta mais simples consiste em deslocar para ela o elemento que ocupa a casa precedente. Essa casa estando vazia, o sujeito coloca nela de novo o elemento precedente, e assim por diante. Não há aí nenhum plano nem sobretudo qualquer compreensão do fato de que basta utilizar esse procedimento para chegar em L, V1, V2, de 1-3 em 4-2, donde 5-1 e, enfim, em 6-4 onde a inversão pedida será realizada com L em 6, V1 em 5 e V2 em 4! Quando em níveis superiores essa circularidade for antecipada, nós a chamaremos "inferencial", enquanto no nível I A somente se trata de preencher um vazio e depois o seguinte sem nenhuma previsão ou implicação das conseqüências. Há, portanto, somente uma "circularidade empírica", mas fecunda em seus resultados observáveis, visto que ela mostra a possibilidade de deslocamentos sem modificação da configuração de conjunto, seja ela qual for no momento em que começa esse processo circular. Poderíamos, portanto, achar que o sujeito o generaliza no caso em que esta configuração é a mesma do início L, V1, V2. Mas não é nada disso, e Oli, tendo colocado V1 na frente do V2 e L antes de V1, realiza várias voltas "empíricas" sem notar que ele chega ("en passant") à solução correta e nem mesmo a reconstitui quando 4-6 são V1, 0, L e que V2 está em 1. Vemos assim da maneira mais surpreendente a ausência de implicação entre ações ou de relações entre as posições; portanto, de relativização da ordem.

§ 2. O NÍVEL 1 B

Entre os níveis I A (4-5 anos) e II A (7 anos) caracterizados por suas composições, achamos um patamar intermediário (5;3 a 6;11), no qual os resultados são obtidos relacionando entre si elementos diferenciados:

MIG (5;8) compreende imediatamente o que significa "ir no outro sentido": *Este (L), eu quero colocá-lo aqui (6)*" e com esse objetivo ele utiliza um começo de circularidade que poderia parecer intencional: B2 de 5 para 6 (vazio), B1 de 4 para 5 e L de 1 para 4, depois V1, V2, B2 L, 0, B1 e mesmo 0, V2 B2 V1, L, B1. Ele só teria, portanto, de continuar para conseguir, mas ele abandona o método (que era somente empírico e local) e passa a fazer tentativas: V2 L (passado de 5 para 2!), B2 V1, 0, B1, depois recoloca L de 5 para 2 e o leva de volta para o 2, donde após o deslocamento dos B, uma posição de L em 3. O 5 permanecendo vazio, ele passa para V2 0 , B1 V1, B2, L. "O que você pode mexer? – (Ele mostra V1). – Como? – *Colocando este aí aqui* (B2 em 2) *e depois esse aí aqui* (V1 em 5)". Ele desloca então V2 de 1 para 4 e é dessa forma bem-sucedido. O retorno ao ponto de partida é mais difícil, mas quando ele chega a V1, B1, V2 L, B2, 0 hesita e depois compreende bruscamente: B2 de 5 para 6; B1 de 2 para 5; V1 de 1 para 2 e L de 4 para 1; portanto, a solução correta.

MAR (5;3) utiliza primeiramente como Mig um início de circularidade: B1 e B2 em 5 e 6; L em 4 e os V em 1 e 2. Ele continua com hesitações V1, V2, 0, L, B1, B2 e depois V1, V2 B2 L, 0, B1 e se encontra portanto a dois passos da solução, mas "Por que você parou? Você acha que vai poder? – *Não!* – Tem algum que está impedindo? – Este (V1)." Houve, portanto, somente uma semi-antecipação. "Você queria colocá-lo onde o V1?" (Ele mostra o 5 e depois o faz lentamente hesitando V2, B2, B1 V1, L, 0; encontra então L, V1, V2 em 4-6: acerto). Recomeçamos o mesmo jogo: ele abaixa B2 e B1 para 5 e 6 e desloca L de 1 para 4, depois coloca V1 em 1 e V2 em 2. "E se ao invés de fazer isto (V2 de 3 para 2), fizéssemos isso (B1 de 5 para 2)? – *Não, porque depois, ele* (V2) *não pode avançar*. – E se eu o colocasse mesmo assim? – *Ele não poderia passar*". Ele chega a 0, B1, V2 V1, L, B2, depois empurra B1 e V2 em 1 e 2, o 3 permanecendo vazio. "*E depois se empurramos aqui* (B2 para 3), *a locomotiva está na sua estação* (em 6!). – O que te impede? – *Esse aí* (B1) *que não deixa V2 ir ao seu lugar. Fica bloqueado e ela* (a locomotiva) *é obrigada a ir para frente* (6 para 3) *e esse aí* (V1) *chega embaixo*". Ele chega assim a 0, B2, L   V2, B1, V1. "E isso não está bem? – *Não*. – Vamos conseguir? – *Sim*". Ele coloca os B em 1 e 2, V1 de 6 para 5 e L de 3 para 6: acerto! "E se quiséssemos colocar no mesmo lugar como antes (L, V1, V2 em 1-3, daria certo? – *Não*. – Por que não? – ... – O que é preciso fazer? – *O trem passaria por aí* (gesto global de circularidade abraçando todo o trem)". Mas, de fato, ele só o realiza com cautela. "E se quiséssemos recolocar o trem assim (1, 2, 3) tendo misturado tudo (damos B1, V2, L   V1, B2, 0) nós conseguiríamos? – *Não, ficaria bloqueado* (V1 de 4 para 5)."

JOS (6;6), tendo chegado com L em 6, diz que assim "*ela está certa*", mas a desloca em seguida mesmo assim para 3, para permitir outras transformações. Tendo chegado a V2, B2, L   B1, 0, V1, ele coloca B1 em 5, V2 em 4 e depois passa B2 de 2 para 1, só lhe resta então deslocar B1 de 5 para 2, V1 de 6 para 5 para recolocar em 6 (acerto).

SOP (6;6) igualmente, tendo conseguido colocar L em 6, a desloca em seguida para 3, quando está em V2, B2, L   0, B1, V1. Ela então consegue B2, B1, L   V2, 0, V1, donde a solução se torna fácil com a subida de V1 de 6 para 5 e a passagem de L de 3 para 6.

ANA (6;11) não consegue nada durante as primeiras (longas) tentativas. Propomo-lhe recomeçar a partir da situação inicial e ela adota então imediatamente o método circular (4 que está vazio): L (1→4), V1 (2→1), V2 (3→2), B2 (6→3). Paramos aí: "Por que você faz isso? – *Porque eu quero colocar primeiro V2 lá* (4) *e depois eu quero continuar* (mostra 5 e 6)." Ela faz em seguida bem rápido B1 (5→6), L (4→5), V1 (1→4), V2 (2→1) e B2 (3→2), depois B1 (6→3), L (5→6), V1 (4→5) e V2 (1→4), chegando assim sem hesitar a um procedimento de nível II A, após suas derrotas que lembram o nível II A. Mostramo-lhe então diversas situações das quais ela acredita poder inferir que elas só levariam a bloqueios: "*Ah não, porque senão a locomotiva não pode mais descer*", etc., mas ela descobre pela ação os acertos julgados inferencialmente impossíveis.

Visto que uma dialética consiste em implicações entre ações, ou mais precisamente entre suas significações, que levam a construir interdependências ou uma síntese entre sistemas inicialmente estranhos ou opostos, este nível B é, portanto, o de um início de dialetização. O primeiro progresso a ser levantado em relação ao patamar inicial I A é a compreensão (e mesmo imediata) da significação da inversão ela própria de 1→3 para 6→4. Donde um segundo avanço, que é fundamental: a atribuição ao deslocamento de uma peça qualquer da significação de servir de possível intermediário, portanto de facilitar ou de condicionar o deslocamento de um outro elemento. É assim que se constituem as primeiras implicações entre ações: quando Mig anuncia que ele pode mexer V1 "colocando B2 em 2 e depois V1 em 5", ele antecipa uma condição anterior que torna possível uma conseqüência, o que equivale a dizer: "se B2 é colocado em 2, então V1 pode ir para 5". Igualmente, Mar prevê vários bloqueios que consistem em inferir "se x é colocado em P, então ele fica bloqueado" ou vice-versa "L é obrigado a avançar". Os sujeitos Jos e Sop realizam igualmente múltiplas antecipações inferenciais. Mas as mais belas implicações entre ações são fornecidas por Ana: ela começa com uma série de derrotas, que nos impedem de situá-la no nível II A (o mesmo com suas inferências finais errôneas), mas esses numerosos erros iniciais parecem ter lhe ensinado por constatações que, utilizando as casas vazias, chega-se a uma rotação que conserva a ordem de sucessão mesmo se ela está incorreta: ela pratica, de fato, a um dado momento, a circularidade empírica 3→6, 2→3, 1→2, 4→1 e 5→4 que não conduz à vitória, mas à manutenção das relações de ordem do momento. Quando, após uma série de deslocamentos ineficazes, recomeça o jogo, ela adota sem hesitar o procedimento de circularidade, mas desta vez intencional e, portanto, implicadora, donde sua rapidez de execução.

Mas se este nível marca assim o início das implicações entre ações e, portanto, de composições curtas, estas são limitadas aos deslocamentos necessários para o posicionamento de um elemento particular, sem coordenações mais amplas; daí a falta de inferências quanto às previsões de conjunto. Os obstáculos são freqüentemente considerados definitivos e não podem ser ultrapassados; Mar e outros começam a achar impossível o retorno à ordem 1, 2, 3 e Ana só consegue através de ordenações julgadas irrealizáveis, etc. Do ponto de vista dialético, o interesse deste nível é, dentre outros, a crença imediata na possibilidade de uma inversão de 1, 2, 3 para 6, 5, 4, mas que se acompanha da negação de uma realização possível da inversão dessa inversão.

§ 3. O NÍVEL II A

Neste nível, quando a inversão é atingida, principalmente através de circularidade em parte inferencial (que se torna freqüente a partir deste patamar), o sujeito considera como evidente a possibilidade de uma inversão da inversão. De maneira geral, ele chega a composições mais amplas que em I B; portanto, a encadeamentos de implicações:

JON (6;10) com 0 em 4 coloca B1 de 5 em 4, V1 de 2 em 5 e L de 1 em 2. "*Eu quero colocar L lá (6)*". Ele continua: B1 de 4 em 1, V1 de 5 em 4 e B2 de 6 em 5. "O que você quer fazer? – *Mexer aquele lá* (V2 de 3 para 6) *depois aquele* (L de 2 para 3) *e depois eu faço toda* a volta" (gesto circular de conjunto no sentido oposto ao horário): houve, portanto, semicircularidade intencional, mas errada por ser incompleta. "*Eu faço a volta*: 3→6, 2→3, 1→2, 4→1, 5→4 *depois* 6→5 e 3→6, donde V1, B1, 0   B2, V2, L: "*Olha o L está lá (6), mas este vagão* (V1) *deveria estar lá (4)*.– Tem certeza? – ..." Ele infere 5→2, 4→5, 1→4. "Você acha que conseguiu? – *Sim, porque agora colocamos V2 de 2 em 1 e B2 de 5 para 2. E aquele lá vai sair* (V1 de 4 para 5) *e aquele vai ficar lá* (V2 de 1 para 4). *Agora está tudo ao contrário* (da situação inicial)". A solução foi achada pelas semicircularidades inferenciais, mas das quais as alterações de ordem foram corrigidas por composições de vários elementos corretamente inferidas. A inversão da inversão é então imediata: "Podemos refazer como antes? – *Sim, colocamos esse lá, esse aqui*", etc. (rotação no sentido horário).

STÉ (7;3) faz rapidamente B2 de 5 para 6; B1 de 4 para 5; L de 1 para 4 e depois um bloco V1 + V2 em 1-2; e logo após isso B2 de 6 para 3, e em bloco B+L em 5 e 6; V1 em 5 e V2 em 4, donde seu primeiro acerto. Apresentamo-lhe então a variante V1, B1, V2   0, L, B2 que ele transforma através de tentativas em 0, B2, L   V2, B1, V1: ele coloca V2 de 2 em 1, B2 de 5 em 2, B1 de 4 em 5 e V2 de 1 em 4: "*Ah, agora eu tenho uma idéia: fazemos assim* (circularidade inferencial que vem depois de uma série de composições antecipadas). – Como você achou assim de repente? – *Eu vi que a gente podia fazer isso* (gesto de rotação depois da passagem de B1 de 5 para 2). Você acha que a gente pode colocar o trem de novo como no começo? – (Ele realiza a circularidade no sentido inverso).

CRI (7;10) (0 em 6) coloca B2 em 6 e acha rapidamente a "circularidade inferencial" completa. "E para voltar ao início? – *B2 em 1*", etc., e depois nova circularidade completa e inferencial, mas, contrariamente a Sté e a Jon, ele continua no mesmo sentido. Em seguida, ele se engana e chega na ordem L, V1, V2 mas de 4 a 6, portanto em simetria e não por inversão (senão seria lateral) entre a coluna inicial da esquerda e a da direita. Ele consegue, no entanto, recolocar essa sucessão em sua posição à esquerda e volta ao método circular para encontrar a inversão no sentido vertical.

NAT (7;5), 0 em 6: ela abaixa B1 e B2 para 5 e 6 efetua na primeira tentativa uma circularidade bem-sucedida. "Você viu antes que você podia fazer isso? – *Sim* (segura de si) – Como? – *Porque quando vamos assim* (gesto), *ele faz o circuito todo, porque se a gente mudar os cubos* (= sua ordem de sucessão) *depois a gente fica toda confusa*. – Tenta recolocar como antes". (Faz a circularidade seguindo o mesmo sentido, como Cri). Para V2, B2, L   B1, 0, V1 ele coloca B1 de 4 em 5, V2

Capítulo IV

de 1 em 4 e sem parar B2 de 2 em 1, B1 de 5 em 2 e V1 de 4 em 5. – "Acabou?" – Ela vê de repente que basta subir V2 e V1 para 4 e 5 e passa L de 3 para 6.

Apesar das tentativas e dos erros locais que nele subsistem, este patamar é caracterizado por alguns avanços evidentes. O primeiro é que as circularidades ou semicircularidades são, nesse momento, em diversos níveis, intencionais, portanto inferenciais, de onde se deduz que em cada um desses sujeitos a conseqüência imediata da possibilidade de uma volta à ordem inicial, seja invertendo o sentido dessa rotação geral, seja, o que nos parece superior, continuando no mesmo sentido (o que implica a compreensão do fato de que se percorrendo um círculo, sobe-se de um lado quando se desce do outro). Em segundo lugar, as inferências utilizadas, em caso de situações de desordem, não se baseiam mais simplesmente em um elemento ou em um deslocamento particulares, mas em tais seqüências em que cada mudança de posição é prevista como causadora de outras mudanças possíveis ou necessárias, constituindo, pois, um meio e não apenas um subobjetivo local e momentâneo. Há, portanto, nesses diversos casos, composições de implicações simples às quais se limitavam os sujeitos do nível I B. As conseqüências disso são que os estados não-satisfatórios ou os obstáculos são considerados como estados provisórios que se prestam a correções ou transformações posteriores suscetíveis de levarem à vitória. Em tais casos, a necessidade de deslocar um elemento que tenha atingido o seu lugar ideal é justificada e, freqüentemente, expressa a título de condição momentânea.

Em suma, os avanços da dialetização próprios a este nível se devem, por um lado, à multiplicação das interdependências antecipadas ou inferidas e, por outro, à compreensão das inversões das inversões, o que confere o seu verdadeiro sentido às próprias inversões a partir de agora concebidas como transformações reversíveis e não mais como modificações absolutas ainda não relativizadas. Mas, em um estágio em que há ainda uma mistura entre os avanços dialéticos descritos no instante e as tentativas ou fracassos momentâneos, é interessante precisar as relações entre os aspectos inferenciais da equilibração, portanto sua dialetização, e seus aspectos causais. Embora haja heterogeneidade completa entre os primeiros, que se fundam nas significações das ações (portanto, as implicações entre essas significações), e os segundos, que consistem em produções materiais, pode haver duas ordens de sucessão entre eles. A primeira se observa quando as ações são efetuadas a título de experiências ao longo de tentativas em parte aleatórias; sua significação então só se manifesta depois e é fundada mais ou menos exclusivamente nas observações constituídas pelos resultados constatados. Essas significações exógenas, embora exijam assimilações de graus diversos, engendram ou são acompanhadas somente por implicações simples. O segundo caso é aquele em que as significações resultam de antecipações que precedem a efetuação das ações e as dirigem; sua produção é então submetida a implicações constituintes ou significantes, suscetíveis de se comporem em seqüências mais ou menos longas. Nessas situações, as implicações se tornam necessitantes, devido às suas composições possíveis, de onde se seguem os progressos assinalados neste nível.

§ 4. OS NÍVEIS II B E III

As reações do nível II B são intermediárias entre as precedentes e os métodos essencialmente inferenciais do estágio III:

Capítulo IV

VAL (8;11) descobre rapidamente a circularidade completa que conduz L de 3 para 6 assim como a circularidade inversa que traz de volta ao estado do início, mas não é ainda uma inferência pura, pois, para V1, 0, V2 L, B1, B2 onde seria fácil deslocar V2 de 3 para 2 e continuar pela circularidade, ela se contenta com as circularidades parciais e chega em 0, B1, B2 V1, V2, L portanto com erro em V 1 e 2. Mais adiante, ela só chega em V2 V1, L B2, B1, 0. E no momento de uma tentativa infrutífera: "No que você está pensando quando faz isso? – *Em nada, eu estou procurando...*"

ANT (8;7) coloca B2 de 5 em 6; B1 de 4 em 5; depois B2 em 3, B1 em 6, L em 5, V1 em 4 e V2 em 1 e só tem que continuar, mas só consegue com hesitações. O retorno é fácil: "*Preciso fazer tudo ao contrário*". Mas para achar um outro caminho diferente do inicial, ele só chega a bloqueios.

NIC (8;6) só chega inicialmente em B1, 0, B2 V1, V2, L e precisa de numerosas tentativas para obter a solução.

Vêem-se os progressos das inferências antecipadoras, principalmente em Val, que não erra menos nas generalizações que seriam fáceis. É preciso esperar o nível III para que as inferências prevaleçam sobre o resto:

JAN (11;2) realiza imediatamente uma circularidade por cima, mas observa durante o percurso um curto tempo de parada para verificar que ele terminará bem. Por outro lado, para a volta, ele começa com deslocamentos locais até V1, V2, 0 L, B1, B2 que o levam à solução. "Você pode refazer como antes? – *Sim* (circularidade por cima). – Há uma outra solução?" (Ele desloca B1 e B2 e então encontra de repente a circularidade por baixo, portanto a simetria do outro, que ele próprio reconhece).

CLA (11;6) recomeça com tentativas bem-sucedidas ou obstáculos em parte inferidos ao longo do percurso, mas assim que tornamos a colocar as peças na posição inicial, ele encontra imediatamente a circularidade por baixo. "E se mexermos primeiro a L?" Ele passa então sem titubear à circularidade por cima. Uma outra simetria é descoberta quando lhe perguntamos se a situação V2, B2, 0 B1, V1, L parece com B1, 0, L V2, V1, B2: "*Ah é! É preciso tirar aqui e lá o L e o V2 para colocar o da esquerda* (V2 e L ou V1 e V2)."

MON (12;1) começa sem titubear pela circularidade por baixo. Para outras situações de partida, procede através de tentativas e circularidades locais para retornar à circularidade por baixo. – "E se passarmos por aqui (L e B1), é mais rápido ou não? – *Não sei. Ah é! É a mesma coisa, porque por ali eu tenho que fazer 3 casas* (6, 5, 4) *e por aqui* (por alto) *também* (mostra 2, 1, 4)."

A primeira novidade própria a este estágio é o progresso do método inferencial que permite a Jan e a Mon compreender imediatamente, desde a inspeção da situação inicial, a solução pela circularidade completa, por cima ou por baixo, e a Cla, que, logo após alguns erros, recoloca os blocos em sua posição inicial. No momento das tentativas, em outras situações, há até mesmo intervenção de inferências, pois o sujeito prevê os obstáculos ou vantagens que resultam da maior parte dos projetos antes (ou ao invés) de se limitar a constatá-los após sua realização. A segunda novidade é a descoberta de simetrias, como entre as duas circularidades possíveis, por cima ou por baixo, ou ainda, como Cla, entre dois tipos de transformações locais.

Considerando que as implicações entre ações conduzem, dos níveis II A a III, a novas interdependências, podemos distinguir entre elas duas formas. A primeira, em jogo nas circularidades, não leva a enriquecimentos mútuos de subsistemas como no Capítulo I, nem a compensações como no Capítulo II, mas à conservação das relações entre partes do objeto total (aqui a ordem L, V1, V2) e se limita a fazê-lo girar em torno dele mesmo (em analogia com as perspectivas

Capítulo IV

do Capítulo X, exceto que, nesse caso, é o sujeito que girará em torno do objeto e aqui o inverso). A segunda das formas de interdependências consiste, ao contrário, em modificar as posições das partes do objeto (como no Capítulo III) com abertura sobre as novas possibilidades favoráveis ou desfavoráveis aos objetivos seguidos e que podem ocasionar inferências ou implicações de diversos graus. É evidente que estas apresentam mais dificuldades a construir que as da primeira forma, embora no final surjam bons resultados gerais no nível III, e que sujeitos como Cla descobrem simetrias que mostram realmente haver, nesse caso, consciência das inferências possíveis.

CAPÍTULO V

UM SISTEMA MULTITRANSFORMACIONAL DE PIVOTAMENTOS

com *A. Blanchet* e *C. Coll*

O Capítulo IV nos mostrou a importância dialética dos processos de inversão. A presente pesquisa vai generalizar esse estudo, utilizando um aparelho com 7 pivôs dispostos em

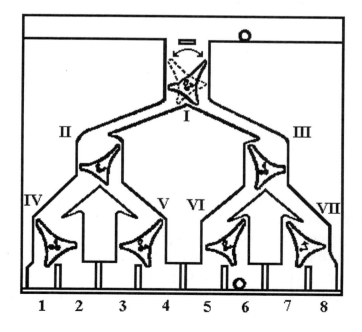

uma árvore e ligados por caminhos que conduzem 8 bolas do pivô superior I aos inferiores (IV-VII) e de lá para 8 casas (1-8) na parte de baixo da figura. Os pivôs são construídos de tal maneira (em triângulos curvilíneos côncavos) que cada bola é dirigida por eles em direção à esquerda ou à direita, mas devido a esse fato ele mesmo muda a direção do pivô que orientará então a bola seguinte para o lado oposto (e isto automaticamente, exceto no que se refere ao pivô I que acionamos com a mão de um lado ou do outro). Então, cada trajeto se difere dos outros em virtude de inversões inter ou intratrajetórias, conforme o quadro abaixo, que descreve os trajetos se todos os pivôs estiverem inicialmente virados para a direita: os traços inclinados indicam as direções, os algarismos romanos os pivôs, os algarismos arábicos sem parênteses representam as casas de chegada e os que estão entre parênteses correspondem à ordem das bolas deixadas em L.

I	II	IV	1	(1)
I	III	VI	5	(2)
I	II	V	3	(3)
I	III	VII	7	(4)
I	II	IV	2	(5)
I	III	VI	6	(6)
I	II	V	4	(7)
I	III	VII	8	(8)

Como a questão principal é a de predizer o trajeto e a casa de cada bola, simplificamos o material para os sujeitos mais jovens, reduzindo-o a três pivôs I, II, III ou mesmo a um único pivô. Por outro lado, com crianças a partir de 9 anos, começamos a esconder os pivôs sob pequenos cartões com apenas as indicações 0 = à direita ou 1 = à esquerda. Uma vez que os trajetos são compreendidos e previsíveis,

Capítulo V

levantamos outras questões: duas ou três bolas podem chegar na mesma casa? Podemos, a partir de qualquer configuração, reconstituir o trajeto da bola precedente? Quantas bolas é preciso jogar para que 1, 3 ou os 7 pivôs reencontrem sua posição inicial? Qual seria o trajeto de uma nona bola? (o sistema sendo cíclico, ele voltaria a 1). As regularidades descobertas são generalizáveis se colocarmos os pivôs de outra forma no início? O número par ou ímpar das bolas que passam em cada pivô (ver 1, 5, 3, 7 para as bolas 1-4, e 2, 6, 4, 8 para as bolas 5-8) é significativo quanto aos problemas precedentes?

§ 1. O NÍVEL I A

Este patamar inicial mostra pelas suas lacunas qual será a dificuldade central a ser ultrapassada nos seguintes níveis: é a integração de subsistemas hierárquicos 1-8 (casas) subordinados os pivôs IV-VII, eles mesmos subordinados aos pivôs II-III dependentes de I. De fato, essas integrações progressivas estão longe de se reduzirem a inclusões de natureza estática como as de subclasses em classes encaixantes, pois elas dependem em cada caso das inversões provocadas pela passagem da bola precedente. Trata-se portanto, na realidade, de integrações multitransformacionais com interdependências dialéticas que se modificam a cada lance, e não é preciso se surpreender ao se constatar sua derrota geral no nível I A:

HER (4;6) com o único pivô I indica as direções esquerda ou direita, mas com a condição de simular a bola com o dedo, fazendo assim com que ele mesmo incline o pivô. Mesmo método com I-III, traçando no ar o trajeto e se enganando em II; largamos a bola: *Ah! Não, lá* (outro lado)." Com os 7 pivôs, ele só se dá conta de um dos IV-VII, negligenciando os dois estágios superiores. Apesar das constatações após cada antecipação, faltam algumas para este método.

RON (5;0) com o único I e duas casas grandes esquerda e direita ele lança várias bolas e mostra o lado de chegada. Colocamos o pivô à direita: "Podemos saber aonde ela irá? – *Deste lado ou desse lado*". Ele só responde após constatar e se recusa a antecipar. Após várias tentativas: "*É preciso deixar assim* (mesma inclinação de I), *senão vai sempre do mesmo lado*", mas ele acaba constatando a alternância mudando I. Passamos para 3 pivôs (I-III) com 4 casas: quando faz o caminho com o dedo, ele consegue, senão ele só vê II ou III e responde que ela irá "*lá ou lá ou lá ou lá*" (um dos 4). "*Eu não sei aonde ela vai*." Inclinamos I à esquerda e II à direita (donde chegada previsível em 2). Ele prevê "*lá* (3). – Por quê? – *Porque antes* (III à direita) *era 4 e depois* (III inverso) *é 3*." Ele não dá importância, portanto, à posição de I que dirige a bola para II.

STÉ (5;5) mesmas reações para I sozinho. "*Eu não posso saber*", etc., mas ela acaba fazendo duas previsões corretas após múltiplas constatações e percursos com o dedo. Passamos a I-III e 4 casas, e daí "*lá ou lá, etc.*" – E se olharmos aqui (I à direita), poderemos saber? Ela responde errado (esquerda), mas, sobretudo, não vê que a direção de I conduz seja para II, seja para III (não há integração!).

Poderíamos ter feito o nível I A preceder de um nível 0 em que o sujeito não compreendesse nada ainda do mecanismo físico do pivô e em que toda interrogação fosse, portanto, impossível. Por outro lado, o primeiro interesse dos sujeitos aqui classificados é conseguir efetuar corretamente trajetos curtos quando eles os seguem com seu dedo, mas de fracassar em qualquer antecipação, exceto no caso do pivô único I e depois de numerosas constatações e realizações manuais. Esse curioso atraso de generalização das observações sobre os acertos da ação própria mostra que, mesmo para colocar os caminhos em relação com a orientação dos pivôs, um início de implicações entre ações deve conferir significações suficientes aos fatos constatados. Mas o segundo e principal interesse das reações do nível I A é mostrar que essas implicações nascentes não são ainda nem um pouco suficientes para integrar em um todo os subsistemas constituídos pelas ações do pivô I, depois pelas dos pivôs II-III, em seguida dos pivôs IV-VII e, enfim, pelo término nas casas 1-8. É assim que Her, com o jogo completo dos 7 pivôs, só leva em conta o subsistema IV-VII sem ver que ele está hierarquicamente subordinado às direções em II-III nem que estas dependem de I. Ron, que acabou descobrindo a lei "uma vez de um lado, uma vez do outro" no momento das alternâncias do pivô único I, não suspeita, uma vez tendo passado para 3 pivôs, que a orientação de II e de III depende da do I. Sté fracassa igualmente na compreensão dessa integração tão simples.

Na medida em que a dialética consiste em estabelecer interdependências ou integrações entre sistemas que permanecem abusivamente estranhos uns aos outros e dos quais as transformações internas podem levar a contradições entre eles, o nível I A permanece, portanto, inteiramente pré-dialético, por não chegar às integrações mais elementares e, mesmo em alguns casos, por levantar as contradições mais evidentes (como a de Ron quando ele diz "É preciso deixar I assim, senão ele vai sempre para o mesmo lado.").

§ 2. O NÍVEL I B

A alternância para um único pivô é imediatamente compreendida, mas a integração em I-III e principalmente em I-III-VII só ocorre parcialmente, sem necessidade e sobretudo somente após vários trajetos guiados pelo dedo:

TIÉ (5;5) compreende imediatamente com I em 2 casas que a bola irá toda vez "para o outro lado", mas com I-III ele precisa seguir o trajeto com o dedo e sem isto ocorre uma mistura de erros e acertos, com o sujeito dizendo "*não ter muita certeza*" de suas previsões. E principalmente, ele se limita sobretudo às direções de II ou III sem olhar I. Ele aceita, além disso, a possibilidade de uma chegada de duas bolas sucessivas na mesma casa e depois pensa que se uma primeira bola chegar em 1 (só há 4 casas), a segunda acabará "*aqui* (2) *ou aqui* (3)".

DAV (6;5) com o pivô I e 2 casas não precisa do dedo: "podemos sempre saber", mas com os pivôs I-III em 4 casas ele precisa do dedo. Para fazer a bola chegar em 2, ele orienta corretamente II, mas não cuida do I e, quando chamamos sua atenção, ele se orienta mal no início. Para 4 bolas sucessivas (sem parar) ele as prevê "*todas na mesma casa*" depois prevê a rotação de II em III sem considerar I. Para o retorno de um pivô ao ponto de partida, ele compreende que lhe bastam 2 bolas, mas para os dos 3 ele responde "*2 bolas para este, 2 para esse e 2 para aquele*", como se fossem independentes. "Às vezes um único muda? – Sim. – Qual? – *I*." Não há ainda nenhuma possibilidade de reconstituir o trajeto da última bola jogada (antes da atual); portanto, há uma ausência completa de implicações retroativas, e quando introduzimos os cartões que cobrem os pivôs, ele descobre a regra 0 = à esquerda e 1 = à direita, mas é incapaz de aplicá-la a mais de um pivô, por falta de fazer nova tentativa de integrações.

MAU (6;1) com os pivôs I-III leva em conta as inversões de II e III, mas esquece constantemente o I, mesmo seguindo o dedo de II-III às casas.

GUI (6;1) acha possível chegar com 8 bolas em 5 por 3-4 e em 3 por 1-2 (não há simetria).

Vemos que, com o dedo, os sujeitos são capazes de indicar os trajetos (mesmo se o dedo permanecer no ar sem tocar os pivôs) e este é o caso com os 7 pivôs quando eles são visíveis. Mas se trata muito mais ainda de generalizações de constatações do que de implicações necessárias, tanto é que para Dav 8 bolas imediatamente sucessivas chegarão à mesma casa como se, nesse caso de sucessão imediata, os

Capítulo V

pivôs não virassem. Por falta dessa compreensão das inversões necessárias, é então natural que nunca haja integração entre os patamares hierárquicos I, II-III e IV-VII, e é o que mostram dois tipos de fatos. O primeiro, muito geral, mesmo para somente 3 pivôs, é o esquecimento do papel fundamental de I, que comanda o andamento para II ou para III. O segundo é a afirmação de Dav que acredita que podemos modificar I para ele somente, sem repercussão sobre a seqüência. Um outro fato, interessante para a dialética, além da falta de interdependências, é a incapacidade de reconstituir o trajeto da última bola (que precede imediatamente o caminho atualmente visível). Essa falta de implicação retroativa lembra o que nos mostrou o Capítulo I: à ordem das composições predicados → conceitos → julgamentos → inferências correspondia, com efeito, a partir de um certo nível, a ordem inversa inferências → predicados, enquanto ordem das justificações. No presente caso, sendo a ordem das composições I→II ou III→IV ou V para II e VI ou VII para III, sua necessidade resulta das inversões de sentido, a partir do trajeto precedente, donde a possibilidade de sua reconstituição por inversão dessas inversões, o que é naturalmente mais complexo, visto que se trata de um sistema multitransformacional e não de encaixes simples, mas que fica fácil no caso do retorno ao trajeto imediatamente precedente e não ao estado inicial de todo o jogo dos 7 pivôs. Mas, torna-se interessante, do ponto de vista das integrações enquanto superação dialética, assinalar essa dificuldade das inversões das inversões quando elas são exigidas em direção retroativa e não proativa, pois os processos retroativos são também indispensáveis a toda dialética.

§ 3. O NÍVEL II A

Desde os 7-8 anos, podemos falar de implicações entre ações para caracterizar as antecipações de trajetos, pelo fato de estarem justificados com precisão e considerados como necessários. Donde um certo número de conseqüências não percebidas nos níveis precedentes.

SAB (7;11) com os 7 pivôs visíveis prevê todos os trajetos, dos quais um dos segmentos é justificado da seguinte maneira: *"É lógico porque lá está fechado e como a bola é pesada, abre desse lado"* ou uma outra: *"aqui está fechado então lá"* (o "se... então" é, portanto, explícito). Com os cartões que cobrem os pivôs e a alternância 0-1, a integração é mais difícil e acompanhada de erros. Sab procura, então, um novo índice na repartição das casas já ocupadas: *"Deste lado. Em todo caso, eu sei que duas bolas não podem ir para a mesma casa; então, seja o que for, aqui."* Retiramos os cartões e perguntamos o trajeto da última bola (antes da atual): acertou *"porque eu virei todos os pivôs e ela deve ter ido assim"*. Colocamos os pivôs de maneira a atingir a casa 4: ele vê como os deslocar para que a 8ª chegue em 8...

KAR (7;6) segue com o dedo os trajetos I (esquerda) → V, mas hesita entre 3 ou 4. Da mesma maneira I → VII e hesita entre 7 e 8. Mas ela consegue, no decorrer, e chega mesmo a reconstituir a direção dos pivôs para que a bola chegue em 6, depois em 7, o que supõe uma inversão de III e uma regulagem de VI e VII para colocar em orientações de sentidos opostos. Ela consegue igualmente, como Sab, reconstituir o penúltimo trajeto invertendo convenientemente os pivôs que haviam sido modificados com vistas à posição atual. Com os cartões, por outro lado, há mais dificuldade e Kar recorre a um outro sistema de indícios, fundados na ordem das casas ocupadas: *"Eu tenho uma bola lá* (1), *pulamos um quadrado e uma bola lá* (3), *pulamos um quadrado e uma bola lá* (5), *pulamos* (então) *um quadrado e ela vai para lá* (7)." Ela se perde no final, supondo que a regra 0 → 1 depende do lado II - IV - V ou III - VI - VII onde a aplicamos.

VAL (7;6): mesmos acertos e dificuldades. Nós lhe perguntamos, se colocarmos 6 bolas, quantas terão à esquerda e à direita: *"3 lá e 3 lá"*. –

Capítulo V

Tem certeza? – *Sim*. – Não poderíamos ter 4 lá e 2 lá? – *Talvez*. – Mas é possível? – *Eu não acho muito: isso vira uma vez assim e uma vez assim, então deve ser 3 e 3*."

A evolução é, assim, evidente quanto às implicações que asseguram as previsões e permitem a integração dos diversos andares de pivôs. É particularmente notável que esses sujeitos saibam reconstituir o trajeto anterior, invertendo os trajetos dos pivôs que tenham sido modificados para o trajeto atual e não tocando nos outros, ou que eles saibam indicar os pivôs necessários assim como suas direções para chegar às casas que lhes designamos. Por outro lado, eles sabem deduzir que duas bolas não chegarão à mesma casa (Sab) e que deve haver simetria entre as chegadas à esquerda e à direita (Val). Porém, assim que colocamos os cartões, torna-se inútil o sujeito formular e guardar a regra $0 = $ à esquerda e $1 = $ à direita, pois ele não consegue mais chegar à integração dos três andares de pivôs, o que não é simplesmente por esquecimento ou por falta de representação: ocorre como que uma perda de generalidade ou de necessidade, como se a lei não fosse a mesma à esquerda e à direita (Kar) ou não fosse mais suficiente para assegurar as antecipações. Donde um apelo a outros indícios: regularidade na distribuição das casas ocupadas, simetrias, etc.

§ 4. OS NÍVEIS II B E III

Vimos freqüentemente, em outras pesquisas, que o nível II B parece marcar algum recuo em relação a II A e interpretamos essas reações como oriundas do fato de os sujeitos de 9-10 anos colocarem novos problemas em relação aos de II A. No presente caso, fica evidente que essas novas questões resultam da variedade dos indícios possíveis em caso de cartões, já vistos em II A, mas do qual em II B se trataria de assegurar a conciliação ou de escolher em caso de contradições:

DAN (9;3) começa com os 7 pivôs cobertos e fracassa nas previsões, mas nota que há "*Sempre três*" mudanças nas janelas, mas faz a hipótese que "*talvez mude se jogarmos a bola mais devagar ou não*" e depois a rejeita. Assim que retiramos o cartão, a antecipação é boa. Recolocamos o cartão com 2 casas que correspondem a 1-4 e 5-8. Tudo está correto "*porque isso vira, vai uma vez para um lado, uma vez do outro*". Escondendo I-III e com 4 casas, ele compreende que tudo está subordinado à direção inicial de I. Retomamos o jogo com 8 casas, escondendo todos os pivôs: desta vez, ele acerta tudo e quando retiramos o tampão ele reconstitui corretamente o caminho anterior ao último. Colocamos tudo em 0 e jogamos: "Para este pivô (VII), por exemplo, quantas bolas é preciso para que ele volte a zero? – *Duas*. – E para esse (VII)? – *Duas*. – E para o todo? – *14*. – Como você sabe? – *Duas para cada*. – Se tem 1 bola em cada casa, quantas passarão por VII? – *2*. – E por III? – *4*. E por I? – *8*."

SYL (9;9), 7 pivôs escondidos: ela coloca os três primeiros em 2-3 para 0, os outros 4 em 6 ou 7 (direita) e 1 em 1-2, ou seja, uma simetria nos pontos de chegada sem pensar nos trajetos, depois ela os compreende sem o cartão. Ela exclui que 2 bolas cheguem à mesma casa: "*Precisa esperar a sua vez*", e prevê que a nona deve chegar de novo a 1. A simetria das chegadas está, então, subordinada à integração dos andares de pivôs e para 100 bolas teremos 50 e 50; 40 e 60 ficam excluídos.

NUN (10;10) constata bem a alternância dos pontos de chegada e a dos números 0 e 1, mas não compreende a relação: "*mudou aqui* (I, II, V). – O que vai acontecer? – *Eu não sei*." Ele procura uma lei numérica mais complexa que as alternâncias correspondentes: "*É mais complicado porque embaixo está cheio de 1 e em cima cheio de 0: é preciso chutar*". Depois ele procura uma síntese, calculando as saídas de acordo com as direções (com previsões exatas para 3, 7, 2, 6, 4, 8; portanto, para as 6 primeiras e de acordo com as casas vazias para o fim. Mas ele admite que com 12 bolas chegaríamos a 2, 2, 2, 2, 1, 1, 1, 1. Para o retorno geral à posição inicial, ele prevê "*nas 14*" (2 por pivô) e vendo depois que 8 "*é como antes*" ele antecipa que isso recomeçaria com 16.

Capítulo V

Vemos que após os acertos do nível II A, em que começamos com pivôs visíveis, a interrogação que parte das situações com cartões não leva somente a um simples progresso que prolonga os precedentes, mas exige um questionamento geral. Todos os índices possíveis são então imaginados, incluindo a força de lançamento (Dan), mas sem coordenação, e mesmo Nun, que vê na primeira tentativa a alternância dupla dos números 0 e 1 e os pontos de chegada, não os coloca imediatamente em correspondência. Todo um novo trabalho de integração é, portanto, necessário para conduzir às interdependências ao mesmo tempo transformacionais e hierárquicas.

É somente no nível III que todas as questões são resolvidas, mas mais ou menos rapidamente.

LER (11;0), 7 pivôs escondidos: *"Claro que não é por acaso que ela veio para cá.* (casa vazia) – Tem uma regra? – *Sim, tem 0 e depois tem 1.* – Elas pulam toda vez? – *Tem que virar."* Previsões corretas e erros. Simplificamos em I-III e 4 casas: tudo correto. Recolocamos os 7 pivôs: tudo correto. "Para onde vai a próxima? – *É mais difícil* (mais correta) – E a última passou por onde? – *Se agora é 0, então antes era 1."* Portanto, acertos gerais sem ter visto os pivôs sem cartões.

PAT (11;6), 7 pivôs visíveis: tudo está correto. "E se eu colocar 20 bolas? – Duas em cada e em 2 casas terá 3. – Onde? – *Acho que em 8, 7, 6* (gesto percorrendo as casas no sentido inverso 8-1, 1-8 e 8-6). Quantas bolas são necessárias para voltar ao ponto inicial? – *2 para I, 4 para II.* – E ao todo? – 8. – 8 são suficientes? – *Sim, repartidas* (em cada casa), *porque temos 8.* – Você pode saber para onde vai a próxima bola? – *Sim, é obrigatório.* E a última jogada? – *Sim, lá, lá, lá* (inversões). – E se escondermos tudo? – *Se tirarmos, não poderemos mais saber. Sim, mas precisaríamos de um papel para anotar as coisas."*

AND (12;3) 7 pivôs escondidos: *"Tem uma coisa que vira lá dentro."* Ela recorre a indicações como a direção de partida e a distribuição das bolas nas casas vazias: *"Veio deste lado* (parada). *Ah! Eu entendi: lá tinha uma casa vazia"*. Depois, ela procura a relação e acha que as bolas que chegam a *"1, 3, 5, 7 vêm do alto para a direita e a 2, 4, 6, 8 vêm quando as colocamos no alto à esquerda"*; portanto, ímpares de um lado e pares de outro. Ela acha, então, uma nova regra que se refere à ordem de sucessão: *"Eu acho que as bolas chegam primeiro em cada casa ímpar e quando está preenchida, vão para as casas pares."* Para o retorno geral ao estado inicial, acha primeiramente que é preciso 16 bolas: *"o dobro de 8 porque faz uma vez assim → e uma vez assim ←"* e só se convence em seguida de 8 com dúvidas. (Já vimos no Capítulo IV que inverter 1, 2, 3 no sentido ↓ e 3, 2, 1 no sentido ↑ parece mais fácil que simplesmente prolongar a circularidade.)

Vemos, portanto, que à parte esta última questão, que levanta ainda algumas dificuldades finalmente superadas, o nível III é o das integrações bem-sucedidas, por uma superação que conduz, além disso, à descoberta de novas interdependências.

§ 5. CONCLUSÕES

Se o essencial da dialética consiste em descobrir ou em estabelecer novas interdependências entre sistemas ou subsistemas abusivamente isolados e, em particular, quando eles são de sentidos opostos, tudo o que podemos observar nesta pesquisa é dialética, desde a inversão de um único pivô, pouco ou malcompreendida no nível I A, até a integração geral e espacial dos três andares de pivôs e a sua integração temporal por composições retroativas (retorno ao estado inicial) assim como proativas (antecipações até n bolas). Os únicos passos discursivos e não dialéticos que encontramos nos sujeitos são generalizações extensionais, e aliás ordinariamente errôneas, com as quais eles se contentam no nível I A quanto às observações sobre os pivôs visíveis ou nos níveis I B e II A sobre os resultados dos deslocamentos das bolas com os cartões. Senão tudo está por construir e equilibrar, através de inferências que se baseiam em inversões ou inversões de inversões ou em integrações inicialmente despercebidas. A começar por estas últimas, é notável ver os sujeitos de nível I A e ainda I B seguirem corretamente com o dedo um trajeto que sai do pivô I e chega à casa correta em 1-8 e se limitarem, quando se trata de antecipações, a considerar somente os pivôs IV a VIII, como se a orientação destes não dependesse de II e III, e estes do próprio I. Há aí um novo indício do fato de que a dialética não se confunde com o aspecto causal da equilibração, mas se baseia em seu aspecto inferencial, que completa a produção (causal) das ações através da compreensão das razões de seus acertos ou erros, portanto através de suas "significações" com implicações entre elas. Desse ponto de vista, não basta considerar a orientação de um único pivô, nem mesmo constatar que ela acaba de se inverter: é necessário compreender o porquê, o que leva a subordinar as direções de IV-VIII às de II-III e estas à de I, portanto a construir uma integração espacial. Mas isso não é suficiente e é da mesma forma importante compreender que as posições atuais dos pivôs IV-VII dependem das precedentes, portanto do trajeto da bola anterior: donde a ligação no nível II A entre integração espacial dos 3 andares de pivôs e o início de integração temporal que leva à reconstituição do trajeto da bola precedente. E donde, principalmente, o fato de as antecipações de posições em 1-8 serem, a partir de agora, devido às implicações entre ações, caracterizadas pelas ligações necessárias entre suas significações.

 Mas isso não basta e se os primeiros progressos já mostram que a integração espacial dos 3 andares de pivôs supõe um início de integração temporal (trajeto da última bola antes da atual), trata-se somente de integrações parciais, e um sistema total só poderia ser chamado de inteiramente dialético se, às interdependências estabelecidas no momento de um dado estado desse sistema, acrescentassem as interdependências entre os processos proativos e retroativos que permitem compreender o conjunto das transformações que conduzem do estado inicial a este dado estado (cf. as relações →← inferências do Capítulo I). Ora, esse desenvolvimento histórico, que é necessário dominar se há dialética, é aqui particularmente difícil de reconstituir, na medida em que o sistema é multitransformacional: trata-se, portanto, de completar a ordem das composições → ou ↓ que conduzem de I a 1-8, com suas ações sucessivas de um andar para aquele que domina, por uma ordem das reconstituições ← ou ↑ por retorno total à ordem inicial, ordem que é explicativa ou justificativa (reconhecemos aí a ordem de retorno inferências ← julgamentos ← - etc. do Capítulo I complementar da ordem das composições predicados → inferências). Portanto, a questão colocada a esse respeito (quantas bolas são necessárias para o retorno ao estado inicial) é a mais difícil de todas e não é por nada que ela só é resolvida no nível III, uma vez que se trata de inferências puras e não mais de composições passo a passo e de uma integração temporal total e não parcial.

Mas se as propriedades principais do sistema (inversões e inversões de inversões locais, depois por integrações totais) são assim estabelecidas por passagem do constatativo ao inferencial, outros aspectos do jogo de conjunto pertencem ao mesmo processo. Em primeiro lugar, a substituição dos pivôs visíveis pelos símbolos alternados (0 = à esquerda e 1 = à direita) comporta um isomorfismo completo quanto à alternância das direções; portanto, o emprego desse simbolismo mais abstrato exige, de fato, todo um novo aprendizado ao longo do qual se encontram os mesmos problemas e os mesmos erros iniciais que com os pivôs sem cartão, donde os fracassos do nível II A e os questionamentos em II B.

Por outro lado, e isso é mais interessante, o sujeito descobre empiricamente, sobretudo em relação às notações 0-1, certas regularidades que ele acha (às vezes com razão, às vezes a título de tentativa) que podem lhe servir como indícios quanto aos trajetos que conduzem as casas 1-8: por exemplo, as simetrias entre os lados esquerdo e direito do dispositivo, a ordem temporal do preenchimento das casas 1, 3, 5, 7 antes de 2, 6, 4, 8, portanto dos números ímpares antes dos pares, etc. Ora, esses subsistemas, que chamaremos de "marginais", por oposição aos "centrais" que correspondem aos andares superpostos dos pivôs I, II-III e IV-VII, dão lugar a dois novos processos de integração.

Os primeiros são aqueles que coordenam (ou que tentam coordenar) esses subsistemas marginais entre eles e com as inversões numéricas 0-1 que não desaparecem por esta razão: donde a eliminação de indícios não-pertinentes (por exemplo, a força de um lançamento de bola) e às vezes de contradições.

As segundas formas de integrações, mais importantes, são aquelas que ligam esses subsistemas marginais aos centrais, e isto a título de conseqüências necessárias, principalmente por subordinação às alternâncias 0-1 (ou esquerda-direita visíveis), mas dessa vez por via inferencial e não mais constatativa. Da mesma forma, uma conseqüência necessária, esta mais precoce, consiste em compreender que duas bolas sucessivas não podem chegar à mesma casa.

Em suma, tudo, nesta pesquisa, diz respeito a inversões e integrações; portanto, aos dois caracteres principais (oposições e interdependências) da dialética, mas, além disso, o sistema sendo multitransformacional, as integrações simples ligam-se às inversões espaciais, enquanto as inversões temporais consistem em integrações nos dois sentidos ↓ e ↑.

CAPÍTULO VI

DIALÉTICA E CONSERVAÇÕES ESPAÇO-NUMÉRICAS

com E. Valladao e K. Noschis

Em cada um dos capítulos precedentes, estudamos as formas de dialetização que conduzem a sistemas de transformações ignoradas, no início, por falta de interdependências suficientes entre os subsistemas. O caráter próprio da construção das noções de conservação parece, ao contrário, partir de um impulso quando o sujeito admite transformações demais, na medida em que ele nega as conservações e acredita na existência de processos em que tudo se modifica ao mesmo tempo, portanto em que intervêm variantes demais, e isto para chegar na compreensão do fato de que as transformações em jogo conservam uma invariante. Além disso, a propriedade fundamental dessa invariante não é a de ser "deixada" imudada, como se expressa freqüentemente, mas de resultar da composição das próprias modificações nas observações iniciais. Há, portanto, aí um problema, do ponto de vista dialético, uma vez que esta substitui ordinariamente estados estáticos por um conjunto de devires e de interações dinâmicas, enquanto com a formação das noções de conservação é o inverso que no primeiro momento parece se produzir.

É por essa razão, embora tenhamos tratado muitas vezes dos problemas de conservações, que achamos necessário retornar a eles do ponto de vista dialético, retomando dessa perspectiva uma questão já bem estudada alhures, que é a da conservação do volume. Nossa hipótese geral será que se o próprio da dialética é a construção de novas interdependências, ela pode se apresentar de três formas. A primeira consiste em um enriquecimento mútuo dos subsistemas postos em relação: por exemplo, as relações entre predicados, conceitos, etc. (Capítulo I) ou as integrações entre pivotamentos (Capítulo V). A segunda se reduz a uma conservação mútua ou, mais precisamente, do estabelecimento de conexões entre subsistemas, mas sem por isso os transformar: no caso das perspectivas (Capítulo VII), um novo ponto de vista sobre o mesmo objeto enriquece certamente o conhecimento como um todo, mas não modifica as perspectivas precedentes e se limita a retê-las para acrescentar outras. A terceira forma, por outro lado, que caracteriza a formação das noções de conservação, equivale, como a primeira, e ao contrário da segunda, a uma transformação mútua dos subsistemas, mas no sentido de uma compensação e não mais de um enriquecimento: se o todo se conserva, é porque o crescimento de uma de suas partes é compensado pela diminuição de uma outra, e vice-versa. Portanto, existe aí uma síntese (até mesmo bastante nova para o sujeito), que se acompanha sempre do surgimento de contradições anteriores, o que confirma que há, de fato, a dialética com seus caracteres habituais de superações em relação às reações iniciais de não-conservação.

Na realidade, o trabalho pedido à criança consiste, como em uma de nossas pesquisas anteriores[1], em construir "casas" com o mesmo volume (número de quartos de dimensões iguais), mas de formas diferentes em relação a um modelo dado de base quadrada de 2x2 = 4

---

[1] Ver *A geometria espontânea da criança*.

Capítulo VI

quartos e de três andares, portanto 3x4 = 12 quartos no total. Esses quartos são representados por peças de plástico em forma de cubo com 3 cm de lado. Essa casa modelo (M) deve cobrir toda a área de uma "ilha" A e o mesmo deve ser feito com as casas a serem construídas sobre outras ilhas que serão também inteiramente cobertas e que chamaremos: B = 4x3 cm de área, C = 2x1 cm; D = 1cm^2; E = 4x1 cm e F = 3x1 cm. Essas "ilhas" consistem em cartões cinzas colados sobre uma placa azul que representa a água, e uma centena de cubos de plástico (quartos) está à disposição do sujeito. O problema, portanto, é o de construir sobre B - F cinco casas de 12 quartos cada uma, conservando o volume de A (= M), e esta conservação equivale, na realidade, a este número tanto quanto a este volume. Os sujeitos dos níveis I A e I B preferem aliás, na contagem, uma avaliação baseada nos andares, colunas, etc.

É preciso ainda dizer que começamos, em geral, pedindo ao sujeito para simplesmente copiar o modelo M situado em A e essa cópia conforme M' é deixada à vista sobre a mesa. Por outro lado, em caso de não-conservação, facilitamos as comparações com correspondências termo a termo: a criança coloca um cubo quando o experimentador coloca um, mas o primeiro põe, por exemplo, 3 na horizontal enquanto o segundo sobrepõe 3 na vertical, etc. Podemos também pedir ao sujeito para transferir para uma das ilhas a cópia M' que ele havia feito do modelo M.

Centrando nossas questões na quantidade de cubos e não mais no volume ou espaço interior, essa técnica permite, além de outras coisas, suscitar no espírito dos jovens sujeitos um certo número de conflitos ou de contradições que somente as novas sínteses permitirão "ultrapassar". O exemplo mais freqüente é provocado pela tese segundo a qual em uma altura ideal (3cm) há a mesma quantidade de cubos. Portanto, ao longo da construção ou uma vez concluída (por exemplo, na grande ilha B, onde a mesma altura exige 36 cubos ou sobre C e D onde ela é concluída com muito poucos cubos), a impressão geral é que essa quantidade varia consideravelmente sem depender, portanto, da única altura. Há, assim, uma contradição aos olhos do próprio sujeito e ela só poderia ser resolvida através de um sistema de comparações, do qual descreveremos os três patamares de formação.

§ 1. O NÍVEL I A

Os sujeitos deste patamar inicial não chegam à conservação e vários não conseguem nem mesmo copiar o modelo. Por outro lado, eles se submetem, em geral, sem a necessidade de lembrá-la, à regra de preencher toda a ilha, o que provoca uma série de conflitos que eles não conseguem dominar, mas os formulam mais ou menos claramente.

MAR (5;0) é o menos evoluído destes sujeitos. Em primeiro lugar, ele não consegue copiar o modelo M e começa com 4 andares de 2. "*É exatamente como M? – Não.*" Ele pega, então, M e reproduz M', mas acrescenta 6 e depois 12 cubos a mais, mantendo 3 andares. "É a mesma coisa? (termo neutro que não implica nem o número nem a forma do tamanho) – *Sim*" Ilha B: ele chega a 36 cubos, observando a altura, mas reconhece que deu a mais: "O que eu tinha pedido? – *Para colocar a mesma coisa.* – E está idêntico? – *Não.* – Onde tem a mais?" Ele retira um andar e se põe a contar (mas se confunde nas faces duplas): "*Tem 20 aqui* (M = 12!) *e 21 aqui* (B), *é preciso tirar um.*" Ele conta de novo: "*É preciso tirar mais.*" Ele chega a 6 e depois coloca de novo "*mais um pouco*". "Foi bom ter contado? – *Não, porque eu não consigo: eu deveria ter feito de outro jeito, mas não consigo.*" Ilha C: ele empilha 6 cubos e diz: '*É do mesmo tamanho* (= altura) *que M, mas este é muito pequeno*". Ele acrescenta 6 cubos: "*Vai ficar maior* (grande demais). – Você não pode fazer igual a M – *Não posso*" e depois ele ajusta as alturas: "*Ah é, eu posso* (mostra as alturas, se igualamos as formas)." O experimentador as coloca em colunas: "*Tem mais aqui porque é maior* (= alto)."

SAN (5;0) reproduz bem o modelo M'= M. Ilha B: ele cobre B com 12 cubos, o que seria correto, mas acrescenta em seguida um segundo andar e depois um terceiro (= 36 cubos). "*Pronto! –* É a mesma coisa? – *Tem mais em B.* – Então o que fazer? – *Eu não sei.* – De jeito nenhum? – *Não pode porque B é maior.*" Ilha C: ele empilha 16 cubos e diz: "*tem mais*

Capítulo VI

lá porque é alto. É preciso tirar." Ele chega a 3x2 para igualar as alturas: "*Assim!*" Retomamos a ilha B que ele cobre de cubos, mas conclui que "*tem mais lá* (M): *tem mais andares*".

ISA (5;0) copia M: "*Eu vou fazer a mesma altura que você: tem 3 e 3* (andares)." Ilhas B e C: ela permanece fiel à altura: "*tem mais*" quando é mais alto, e igualdade se a altura é a mesma. Mas o conflito nasce quando retomamos B, onde ela coloca 24 cubos: "*não coloca mais lá* (B) *porque tem muito*", mas ela não encontra nenhuma solução para igualar. Quando colocamos, por correspondência, 1 a 1 cinco cubos em linha e outros 5 em frente, ela admite naturalmente a igualdade, mas quando arrumamos verticalmente os 5 primeiros, dá a mais "*porque é mais alto*". Mesmo os colocando inclinados a 45º "*sempre dá a mais, porque passa de novo*".

XAV (5;3) para B, ora (1 andar) diz que ele é largo demais para igualar M, ora (3 andares = 36 cubos) diz que é igual comparando as alturas. Para C, "*vai passar, vai ter mais*". Retornamos a B: "*Eu acho que tem mais aqui* (M) *e menos aqui* (B), *porque aqui* (M) *é como uma torre e aqui* (B) *é como uma casa térrea.*"

RÉO (6;6) coloca 3 andares em B: "*Tem a mais aqui: é maior*", mas "*dá para conseguir*": ele leva de volta ao andar, depois iguala de novo as alturas: "*Não, tem mais aqui* (B), *é preciso tirar.*" Ele volta ao 1º e acha que está igual (o que está correto 12 = 12), depois conclui que tem mais em M e menos em B, depois "*mais aqui* (B). *Não consigo fazer a mesma coisa*".

CAR (6;8), vendo B: "*Não dá. Eu não tenho idéia porque a ilha é maior.*" Em C ele dispõe 8 cubos verticalmente, mas diz: "*eu acho que tem mais aqui porque eu coloquei mais quartos.*" Ele retira os 2 de cima "*e os dois* (B e M) *teriam a mesma quantidade de cubos* (alturas iguais).*"

NOI (6;8): "*Ah, então é a mesma altura que é preciso fazer... o mesmo tamanho.*" Mas com 3 andares em B ele o acha o "*maior: é preciso colocar mais aqui* (M)". "Para ter a mesma coisa? – *Não dá. É preciso tirar de B* (faz isto). *Não dá.*" Para C ele coloca 6 andares de 2. "*Não dá a mesma coisa. Ah, dá sim, é idêntico, porque tem 3 e 3 em M* (ele indica

3 das colunas verticais reunidas) e *3 aqui também* (em C da qual ele indica as 2 partes sobrepostas de 3 andares)." Há, nesse caso, igualdade numérica (12 em C e em M), mas não é percebida como tal e é substituída por decomposições heterogêneas. Voltamos para B, e Noi, após novas tentativas, declara que "*não dá*" para igualar. Colocamos então em 3 os 12 cubos de M e ele reconhece que "*é a mesma coisa, porque tem em M 4 partes* (colunas) *de 3 e lá* (B) *3 partes* (fileiras) *de 4*" mas quando lhe pedimos para refazer em B "exatamente a mesma quantidade de cubos" ele refaz um B com 3 andares de 12 e conclui: "*tem mais aqui* (em B)."

ALE (6;7) após numerosas tentativas em B: "*Não dá, porque a ilha é maior, então a casa é maior.*" Em C ela insiste em querer conservar a altura e tenta fazer uma pirâmide inversa, mas sobram "*mais em M*".

Os três problemas principais que levantam as reações iniciais são: (1) Como explicar a fixação tão resistente dos sujeitos na altura enquanto medida de quantidade? (2) Em que consistem as variáveis que se opõem a essa posição inicial e que provocam assim, aos olhos do sujeito, contradições, ou, para falar em dialética, as "antíteses" no sentido mais direto do termo? (3) Como explicar que, uma vez reconhecido o conflito, os sujeitos não chegam à síntese, ou seja, a uma conservação da quantidade enquanto tal, fazendo com que esta adquira uma significação ao mesmo tempo mais rica e mais coerente do que nas etapas 1 e 2?

(1) Para compreender a obsessão da altura como medida da quantidade de cubos, convém lembrar-se de dois fatos. O primeiro é que, em geral, as quantificações iniciais de um objeto ou de um conjunto pluridimensionais se fundem em uma de suas propriedades predominantes no momento. Sabemos há muito tempo que duas seqüências de unidades colocadas em correspondência ótica (uma sob a outra, termo a termo) param de parecer iguais, se alongarmos uma das duas (o sujeito negligencia então os intervalos e a própria

correspondência). O Capítulo X desta obra nos dará o exemplo de pontes sob as quais não passa um caminhão alto demais e dos quais 9 em cada 10 dos jovens sujeitos alongam o tabuleiro ao invés de aumentar as colunas! O segundo fato explica o precedente, pois os objetos ou conjuntos considerados não são por muito tempo concebidos como sistemas formados por subsistemas ou por propriedades coordenadas entre elas, mas suscetíveis de variarem separadamente, podendo, ao mesmo tempo, permanecerem interdependentes. O objeto inicial é um todo com caracteres tão inseparáveis que, se o modificarmos ou conservarmos um deles, o todo é transformado ou mantido no sentido desejado: não há, portanto, uma interdependência no sentido de uma coordenação, mas uma dependência absoluta de partes inseparáveis. O "global" de Decroby ou o "sincrético" de Clarapède (termos dos quais abusamos muito) não é, portanto, somente um defeito de análise: eles são antes de tudo defeitos de síntese por falta de separabilidade prévia entre os fatores a serem coordenados. Para evitarmos os equívocos do vocabulário corrente (e sobretudo da palavra "global"), propomos designar esse estado inicial de solidariedade abusiva das partes sem interações analisáveis, recorrendo a um vocábulo antigamente utilizado por W. James e pouco utilizado desde então, que seria "coalescência".

(2) É então fácil compreender o que vai produzir contradições e conflitos no espírito dos sujeitos. Convencidos de que a conservação da altura não preservará a conservação do todo na situação nova (ilhas B a F) em que se trata de reconstruir uma casa que contém "o mesmo tanto" de quartos ou de cubos, eles ficam surpresos com as variações inesperadas que alteram a forma de conjunto do objeto. Ora, esta constitui o principal indício de seu valor quantitativo

(cf. a "torre" e a "caixa térrea" de Xav.): o sujeito fica, portanto, perturbado ao constatar que em B a largura grande ou a área de base da casa a modifica a tal ponto que em uma altura igual temos a impressão de "maior", e que em C-F os fatores inversos dão uma aparência evidente de diminuição. Em suma, o objeto "coalescente" com caracteres indissociáveis, que dominava as noções iniciais, torna-se uma totalidade com variações distintas que se trataria de coordenar através das interdependências inferenciais e implicativas às quais os sujeitos deste nível ainda são incapazes de fazer.

(3) Donde o terceiro problema: o que lhes falta para efetuar essas sínteses e chegar às interdependências possíveis de serem compostas e dialeticamente válidas? Dois fatores são fundamentais a esse respeito: a ausência de uma noção suficientemente significativa da quantidade e, sobretudo (ver a introdução deste capítulo), a ausência de interdependências por compensações dos subsistemas (e não por enriquecimento ou manutenção mútuos).

Em relação à quantidade de cubos, ela não é um número: Mar diz que "não consegue" contando e que precisa "fazer de outro jeito" e isto é normal se não há conservação dos números, mesmo para 5 e 5 quando uns são horizontais e os outros verticais ou oblíquos (Isa). Não é também um volume por falta de coordenação entre as dimensões. Portanto, é simplesmente uma reunião das partes, que, comparada a uma outra, pode ser qualificada em termos de "mais", "menos", ou "o mesmo", decompondo-o em "andares", colunas, ou fileiras, mas sem que a soma dos elementos individuais (cubos) permaneça, por essa razão, constante. É essa conservação, portanto, que constitui o verdadeiro problema, porque é, ao mesmo tempo, constitutiva da "quantidade" e resultante necessária das interdependências a partir do momento em que elas se tornam possíveis. Portanto, se os sujeitos deste nível já percebem que deixando a altura constante se chega em B-F a variações "demais" ou "pouco demais" (largo, etc.), que é justamente a fonte de seus conflitos, o que lhes falta ainda inteiramente para os superar é o modo de composição por compensações, o "mais" na área de base, podendo ser compensado pelo "menos" na altura, ou vice-versa, o "menos" pelo "mais". De maneira geral, o que falta ainda é o equivalente do que seria, em um objeto único, a "comutabilidade", ou seja, a compreensão do fato de que a uma adjunção, em um ponto do objeto, corresponde necessariamente uma subtração em um ponto diferente.

§ 2. OS NÍVEIS I B E II

No patamar I B de 6-7 anos, os sujeitos começam como os precedentes, mas conseguem descobrir a conservação através de um jogo de compensações e freqüentemente de transformações do modelo M em uma forma adaptada à ilha da qual se deverá cobrir a área:

CLA (6;7) acha no início impossível *"preencher a ilha toda* (B), *porque senão não dá a mesma coisa de cubos"*. (Com a ilha C, ela coloca 6 cubos (= mesma altura que M) e diz: *"Tem mais aqui* (M). *Seria preciso acrescentar para dar o mesmo número, mesmo se é mais alto* (!)". Ela então acrescenta 6: *"Tem a mesma coisa: eu contei."* Retomamos então B: ela coloca seu modelo M' no meio de B: *"lá* (M') *é menor. A gente poderia talvez pegar estes de cima* (andares superiores de M') *e os colocar de lado":* donde os 12 cubos de M' distribuídos deitados sobre B. *"É* (agora) *a mesma coisa, mesmo se lá* (M') *está de pé e lá* (B) *deitado e mais largo. – E sobre D* (1 cm^2) *nós poderíamos? – Sim: a gente só colocaria 1 embaixo e todos os outros lá em cima."*

FRÉ (7;0) começa como Cla negando ser possível em B e consegue em C: "*Podemos colocar mais.*" Na retomada de B: "*Sim, a gente pode* (fazer B = M) *colocando todos no chão* (um só andar = 12). – É a mesma quantidade de cubos? – *Sim, ficou a mesma casa.*"

LÉO (7;4) começa com um B com 3 andares (=36 cubos): *Não, não tem a mesma coisa.* – E então? – *É preciso colocar mais aqui* (M). – E se não puder? – *Precisa tirar aqui* (B)." Para C, ele consegue por etapas e justifica seu acerto com uma transformação, mas do qual o interesse é de permanecer mental, portanto de ser inferencial: "*É a mesma coisa, porque, quando eu pego estes daqui* (os 3 andares superiores dos 6 que ele deu para C) *e os coloco lá* (ao lado dos 3 inferiores), *eu acho que é a mesma coisa.* – Mas aqui (B com 6) é mais alto? – *Sim, mas se eu os coloco de lado, tem a mesma coisa. Então, assim também* (!)." Voltamos para B e ele coloca imediatamente 12 cubos deitados: "*Tem sempre a mesma coisa, porque se eu os colocar de pé, vai dar de novo a mesma coisa.*"

TRI (7;3) em B: "*Não dá para fazer aqui uma casa tão grande* (= à M). *Uma casa assim* (M) *não dá para ir nesse quadrado tão grande* (B)." Em C, a mesma coisa: "*Não dá. Não dá para fazer 4 linhas* (colunas) *como aqui* (M). – Tente com este (M'). (Ele coloca 6 sobre 6 e ri). *Eu não tive esta idéia.*" Retomamos B: "Podemos dar um jeito para cobrir a ilha com esses cubos? – *Não, não dá... ah! não* (= sim), *como eu sou burro!* (e ele coloca os 12 cubos deitados)."

RAY (7;3), depois de ter negado a possibilidade sobre B, coloca M'deitado mas por etapas: "*Eu olhei esta coluna* (1 em M') *e a coloquei lá* (sobre B), *depois esta coluna* (2 em M') *e a coloquei de lado* (sobre B), etc."

Quanto ao nível II, não encontramos mais as hesitações e dificuldades iniciais dos sujeitos precedentes, mas uma afirmação imediata da conservação, com justificação através de contagens ou de transformações inferenciais:

NIC (7;0) cobre B de 12 cubos. "Como você fez? – *Eu contei.*" Para C: "*É fácil, eu posso contar.*"

Capítulo VI

RIT (7;7) para B e M' que ela deitou "*porque assim dá para ver que tem 2 fileiras*". Neste caso B = M' "*porque estes aí* (a metade esquerda dos 12 deitados) *substituem o 2º andar aqui* (M' deitado)".

As reações intermediárias do nível I B são instrutivas quanto aos métodos empregados pelos sujeitos para levantar as contradições do nível I A que persistem no início das interrogações em I B. A primeira novidade essencial consiste em compreender que o objeto não constitui, como era admitido até então, uma totalidade indissociável da qual o tamanho se mede através de um único índice; a sua altura e as outras variáveis sendo perturbadoras quanto à avaliação da quantidade. Quando Cla declara que para igualar M' e C é preciso colocar em C 12 cubos e não 6, "mesmo se é mais alto", e sobretudo que para obter M'= B é preciso reduzir a um único andar, "mesmo se lá está de pé e lá deitado", este termo "mesmo se" mostra que a quantidade se torna função de diversas variáveis e não mais de uma única que seria privilegiada. Donde então esta descoberta fundamental que uma mesma quantidade pode tomar várias formas e que o meio mais simples para igualar M'a B, C ou D consiste em colocar M' sobre uma dessas ilhas e em usar os cubos para adaptá-los à área de base. Nesse caso, como sustenta Fré, o número de cubos permanece constante na medida em que "ela ficou a mesma casa", ou seja, uma vez que nada tiramos nem acrescentamos, mas simplesmente modificamos sua disposição. Conseqüentemente, o objeto, cessando de permanecer indissociável, torna-se um sistema composto de subsistemas que podem, portanto, ser divididos em partes com posições modificáveis sem deixar, por isso, de serem interdependentes, ou mais precisamente, ele exige a formação de novas interdependências, tais como uma diferenciação das dimensões, centrando simultaneamente em duas delas, enquanto termos de uma relação.

Em que consistem então essas interdependências de um tipo bem diferente do "global" do nível I A pelo fato de comportar uma síntese bem distinta do sincretismo? A grande novidade que leva a essa superação que é a invariância do todo, consiste nisto: que os subsistemas, ao invés de se limitarem a uma conservação mútua, são submetidos a uma lei de compensação necessária: se a altura aumenta, a área de base deve diminuir e, se esta cresce, a altura aumenta, a área de base deve diminuir e, se esta cresce, a altura deve ser abaixada. Em outros termos, há uma descoberta e uma generalização da "comutabilidade": o que é acrescentado em um ponto deve ser retirado em outro ponto.

Há, portanto, obrigatoriamente uma equilibração entre as adjunções e as subtrações, enquanto, até o momento presente, as primeiras tendiam a prevalecer. Como diz Léo, que começa a compreender diante de duas quantidades distintas a serem igualadas, dá no mesmo "acrescentar" à menor ou "retirar" da maior.

Portanto, são essas compensações que permitem levantar as contradições iniciais e que constituem o essencial da síntese ou da superação dialética que leva às conservações imediatas características do nível II. É importante assinalar, além disso, que no nível I B já há o que podemos chamar de "círculo genético" entre as transformações de uma forma em outra e as compensações.

Com efeito, cada uma das transformações em jogo nas reações descritas anteriormente se efetua no sentido de compensações e vice-versa, as compensações que Léo efetua por etapas levam ao enunciado de uma transformação possível, que ele se limita a descrever, de maneira inferencial, sem ter necessidade de realizá-la materialmente.

Capítulo VI

Vemos, no geral, que o problema das conservações, tão freqüentemente abordado no passado, merecia que retornássemos brevemente a ele, do ponto de vista da dialética que ele comporta com evidência.

CAPÍTULO VII

ASPECTOS DIALÉTICOS DA CONSTRUÇÃO DE UM OBJETO

com *I. Berthoud-Papandropoulou* e *H. Kilcher*

Em quase todos os capítulos precedentes, as diferentes formas de dialética estudadas referiam-se às ações ou operações aplicadas a vários objetos ou às conservações, transformações ou deslocamentos de um mesmo elemento. Mas, na hipótese em que a dialética intervém em todas as atividades do sujeito, ao menos em certas fases obrigatórias dentre elas, pode ser interessante perguntarmo-nos se isso permanece verdadeiro com as mais simples e mais fáceis, tais como a construção feita por jovens sujeitos de um objeto estático, por exemplo uma ponte, por meio de alguns blocos alongados que podem servir de coluna ou de tabuleiro da ponte.

Ora, parece claro que mesmo em situações tão elementares, duas questões ao menos podem interessar à dialética: a das implicações entre ações utilizadas em caso de obstáculo a superar (por exemplo, fazer passar um caminhão muito alto sob uma ponte não-prevista para essa altura) e principalmente a das novas interdependências a serem construídas implicativamente no caso em que o estado inicial é um estado de "coalescência" (no sentido definido no Capítulo VI), portanto sem interações analisáveis entre subsistemas suficientemente diferenciados. Ora, para dizê-lo de imediato, da mesma forma que as casas do Capítulo VI constituíram objetos "coalescentes" dos quais os tamanhos, de fato variáveis, pareciam inicialmente ao sujeito dever ser dominados unicamente pela sua característica de altura, da mesma forma as pontes das quais trataremos permanecem também (no nível I A) objetos "coalescentes", mas dos quais o caráter dominante não é mais, curiosamente, a altura, e se reduz, ao contrário, ao comprimento do tabuleiro: daí o interesse da construção das interdependências efetivas a serem construídas em seguida.

A técnica adotada comporta três situações com um material variável de blocos que servem à construção de caminhões de alturas distintas C1, C2, C3, que devem passar sob as pontes. Na situação I, utilizamos o caminhão médio 2 e apresentamos primeiramente um número insuficiente de blocos: $3a$ (curtos) e 1 A ($=2a$). Após algumas tentativas, oferecemos, além disso, um bloquinho $a/2$ e um grande B ($= a + a/2$), o que permite duas ou várias soluções possíveis. Na situação II, fornecemos $4a$ e 1 A, assim como o caminhão 3 que, nesse caso, não passa por baixo. Acrescentamos então 1 A e depois $2a/2$ e $1a$ (retirando então o A), o que, nos dois casos, permite uma (mas somente uma) solução. Como os sujeitos do nível I A não a encontram, mas procuram, ao contrário, alongar o tabuleiro da ponte, damos, além disso, um bloco B e um grande G ($>$ A), fazendo uma série de perguntas, acompanhadas de desenhos, que descrevemos no § 1. Uma situação II bis é uma variante de II. Trata-se de construir, utilizando todos os blocos, uma ponte sob a qual somente o caminhão pequeno possa passar, o que exige naturalmente um remanejamento total da construção. Acrescentamos, em seguida, a tarefa "armadilha" de fazer uma ponte sob a qual somente o caminhão grande 3 consiga passar, donde as questões sobre as razões dessa impossibilidade. Enfim, na situação III, reunimos todos os blocos precedentes, acrescentando dois grandes (G 1 e G 2) e três blocos inutilizáveis (meio-círculos, cilindro e triângulo) e pedimos ao sujeito para escolher os elementos com os quais seja impossível construir uma ponte. Esta questão final é interessante, por levar a uma espécie de tematização das condições necessárias, tais como a obrigação de dispor de ao menos 3 elementos componíveis.

Os resultados obtidos permitem distinguir quatro tipos de condutas, das quais as idades médias são, para I e II, de 3 a 5 anos (com um caso atrasado de 6 anos), para III de 5 a 8 anos e para IV de 6 a 11 anos. Como há freqüentemente passagem de I a II mas não o inverso, podemos falar de 4 níveis.

§ 1. NÍVEL I A

A cada seis sujeitos, seis de 3 a 4 anos, mais três de 4 a 6 anos, só conseguem, para aumentar a ponte e fazer passar sob seu arco um caminhão alto demais, alongar horizontalmente o tabuleiro ao invés de aumentar a altura das colunas, como se o alargamento fosse suficiente para garantir o aumento:

CRI (3;10), sit. I com o caminhão C2: ele faz a ponte somente com os a: C2 não passa porque é alto demais. Ele troca o tabuleiro a pelo A, que tem a mesma altura e espera que C2 passe, o que não é o caso. Ele afasta então as colunas sem modificar sua altura: mesmo erro. Ele deita A com o máximo de distanciamento, e como dá errado de novo, ele se limita a levantar o tabuleiro com a mão para garantir a passagem. Em II bis (ponte para C1, somente) e depois em II para o C3, somente, ele aproxima as colunas no primeiro caso e as afasta no segundo, sem modificar as alturas.

ALA (4;6) em I, pega dois a como colunas e A como tabuleiro: o C2 não passa: ela distancia os dois a um do outro: "*Assim vai passar* (tentativa). *Não! É preciso colocar um maior* (= um tabuleiro mais longo), *ou senão assim* (as colunas distanciadas sem o tabuleiro)." Após uma tentativa e erro com o longo, ela diz: "*É aqui que não dá certo* (mostrando a aresta ou a borda do bloco), *é preciso fazer um bloco redondo* (gesto de um arco)." Em II, ela refaz a ponte e como "*não passa, é preciso fazer como eu fiz primeiro, um maior*", ela afasta muitas colunas e procura um tabuleiro longo. Olhamos de novo, mais tarde, para Ala, como controle, e lhe damos uma ponte de dois *a* e um tabuleiro *B*, pedindo-lhe para refazer a ponte que ela propunha (um *G* longo ao invés de *B*). Escondemos então a segunda ponte e lhe pedimos dois desenhos, um da ponte visível (com B) e outro da ponte escondida (com G). Neste segundo desenho tudo é um pouco aumentado, tanto as colunas como o tabuleiro e a abertura. "E o caminhão passa por esta ponte (G)? – *Sim* – Por quê? – *Porque ele é grande.*" Mas as colunas são declaradas "*pequenas*", tanto em uma ponte como na outra.

LAV (4;6) em I, faz uma ponte com os dois *a* e *A* como tabuleiro. Como C2 não passa, ela conclui que "*é preciso alargar o tabuleiro um pouquinho*" e acrescenta 1*a* ao tabuleiro, que não permanece de pé: "*É preciso ainda de um A*", que ela tenta juntar ao tabuleiro e depois tenta várias colunas; o tabuleiro fica oblíquo, e finalmente ela chega a uma forma regular: $B + a$ à esquerda, $a + a + a/2$ à direita e um *A* para ligá-los: o caminhão C2 passa então, mas não o C3. Para fazê-lo atravessar, "*é preciso diminuir o seu tamanho*" (que dá a altura para C3), *mas não se pode*. "*Podemos fazer a ponte um pouco mais longa*": ela afasta tanto quanto possível as colunas e substitui *G (>A)* por *A* para alongar o tabuleiro. C3 continua não passando, e ela então sobrepõe 2 *A* longitudinalmente para que sirva de tabuleiro, como se a sua espessura substituísse seu alargamento. Retomamos mais tarde Lav a título de controle. Ela prevê que uma ponte de 2*a* como colunas sob B "*não é suficientemente grande*" para C2 e afasta as colunas para substituir o tabuleiro *B* por um longo *G*: "*Ele é maior!*". Escondemo-lo para que ela o desenhe, assim como a ponte inicial com *B*: o desenho da ponte escondida é claramente maior, com colunas de 25 mm em vez dos 20 da outra e um *G* de 20 mm, sendo 10 em B: "*Ele é maior.* – E mais alto? – *Mais alto, não* – E o caminhão passa? – *Sim, porque o buraco é um pouco maior.*"

KAN (4;5) diz o mesmo em I, que "*é preciso fazer uma ponte maior*" e ele afasta as colunas e substitui pelo *G* grande o tabuleiro *B* mais curto. Escondemos a ponte nova e pedimos para desenhar as duas: a ponte escondida é desenhada com um *G* de 9 cm ao invés de *B* com 5 cm, mas

Capítulo VII

as colunas são aumentadas do dobro: 7 cm ao invés de 3,5! "Como é a ponte que está escondida? – *Ela é grande* – E isso (as colunas) – *Elas são pequenas* – Então, o que é maior? – *É a ponte toda*" (a título de totalidade "coalescente"!)

FAB (4;0) Mesmas reações iniciais. O desenho da ponte nova (escondida) é muito grande. "E estas (colunas)? – *Pequenas*. – E isto faz a ponte maior? – *Sim* – O caminhão vai passar? – *Sim* – E o que não é pequeno nesta ponte? – *Isto* (toda a abertura)."

Esta centralização sistemática no comprimento do tabuleiro (portanto, na largura da ponte), a título de índice da totalidade que permite a passagem dos caminhões mais altos, lembra, de maneira surpreendente, a centralização na altura das casas do Capítulo VI como medida da quantidade total dos blocos. E essa analogia é ainda mais surpreendente, porque, no caso das casas, é justamente a largura que deveria ser considerada, visto que a sua altura depende dela, e que, no caso das pontes, ao contrário, é a altura que constitui o fator principal! O parentesco entre essas duas situações se observa, em particular, no momento das experiências de controle (feitas algumas semanas mais tarde) e dos desenhos pedidos à criança da ponte inicial e da ponte "aumentada". Neste último caso, o sujeito raciocina efetivamente como se o alongamento do tabuleiro aumentasse o todo e em todas as suas partes: donde um desenho em que as próprias colunas, nas quais o sujeito não tocou, eram aumentadas como partes dessa totalidade transformada em seu conjunto por uma modificação local. Kan chega mesmo a dobrar a altura das colunas (7 cm em vez de 3,5!) e todos eles as aumentam mais ou menos. Por outro lado, basta chamar a atenção do sujeito para que ele se lembre de que não tocou nas colunas, o que não o impede de continuar acreditando na passagem possível do caminhão, visto que a abertura geral ou "buraco"

(Lav e Fab), ou seja, "toda a ponte" (Kan), é "maior". Donde o conflito que só será resolvido no nível I B. Ora, isso nos lembra o fato que em I A os sujeitos, não abandonando o critério da altura, são forçados a perceber que a área de base intervém com sua largura, e que assim há duas ou várias variáveis a serem coordenadas, sem se contentar com uma totalidade em que tudo se mantém de imediato, sob o domínio de um único fator preeminente.

Donde, então, o problema central: em que consistem as relações que caracterizam as totalidades iniciais onde tudo se mantém, se os observáveis só são assimiláveis quando conjugados entre si? Não poderíamos ver aí interdependências dialéticas, visto que não se trata de variáveis que podem ser ao mesmo tempo ligadas e isoladas pelo pensamento, e que suas ligações supõem, com efeito, sua distinção prévia e contínua ao mesmo tempo que o estabelecimento de suas interações. Só poderíamos, portanto, ver, assim como para as quantidades espaço-numéricas (casos como agenciamento de cubos) do nível I A, totalidades "coalescentes" enquanto anteriores às interdependências dialeticamente construídas por sínteses ou superações que ultrapassam os conflitos.

Resta-nos compreender por que é o alargamento que é escolhido como índice de totalidade, quando é a altura que é o nó da questão da passagem dos caminhões. Talvez simplesmente porque é o tabuleiro, se nos ativermos às observáveis diretas, que impede a passagem do caminhão e constitui, então, o "obstáculo". Além disso, para aumentar o tabuleiro, modificando sua posição em altura, é necessário primeiramente mexer nas colunas, completando-as ou transformando-as através de novas composições e, em seguida, ajustar a elas o tabuleiro, enquanto alongar simplesmente este último só exige um deslocamento das colunas sem outra modificação.

Capítulo VII

§ 2. O NÍVEL I B

Assim como no Capítulo VI os sujeitos do nível I B começam com as mesmas reações que em I A, mas as superam em seguida para um começo de interdependências oriundas da tomada de consciência dos conflitos, da mesma forma vemos, em relação às pontes, sujeitos de 4-5 anos, da mesma idade, mas um pouco mais avançados, passar da única consideração dos alargamentos para um esboço de considerações das alturas:

SER (4;8) começa em I com uma ponte baixa demais (2 *a* e 1 *A*) e depois, "*porque ela é pequena demais*", acrescenta uma terceira coluna *a* entre as 2 outras, o que é interessante quanto à hipótese anterior de uma pluralidade das variáveis. Mas depois do erro, ele recorre rapidamente ao esquema I A: "*É preciso alguma coisa maior do que isso* (= comprimento do tabuleiro)", mas ele começa a igualar as colunas com os *a* e *a*/2 e coloca aí *A*: erro. Ele aumenta então as colunas (2 *a* cada uma, depois 2 A e alguns *a*) mas não consegue fechar a construção. Ele recomeça com as colunas mais modestas e consegue passar C1. "E com C2? – *Sim, porque ele aumentou para trás* (= alargado por um tabuleiro bem comprido)" e também "*porque a ponte é mais alta* (do que no começo em I)". Para C3, "*o tamanho* (do caminhão) *é grande demais, tem que fazer assim* (tabuleiro em 2 peças com buraco entre os dois)". Ele consegue, por outro lado, em III, afirmar que para fazer uma ponte são necessários, pelo menos, 3 elementos: "*com dois, mesmo sem eu tentar bastante tempo, não consigo*". Vemos a mistura de dois tipos de preocupações, que encontramos durante o controle anterior. Por um lado, para uma ponte com as mesmas colunas *a* mas com uma largura grande (*G* em relação a *B*) ele declara que a ponte é "*maior*" e desenha mesmo colunas (= todas *a*) de 7 cm ao invés de 5, afirmando mais tarde que não mudaram, mas, por outro lado, ele reconhece que para passar os C é preciso mudar a altura das colunas para "*bem maiores* (= altas)".

LEI (4;2) em I (*a* e *a* sob *A*) C2 não passa: "*é preciso ficar maior* (alongar o tabuleiro e espaçar as colunas; cf. I A).*"* Mas logo depois "*é preciso ficar mais alto, isto vai ficar bem grande".* Ela coloca em seguida um *A* longo sobre 2*a* deitados : volta a I A! Depois, ela consegue "deixar mais alto". Para uma ponte destinada unicamente a C1, ela se limita a aproximar as colunas, o que é a recíproca lógica de afastá-las para C2 ou 3, portanto de aumentar de acordo com I A. Ela fica surpresa quando os outros passam.

ANI (5;0) é um caso curioso, que apresenta reações somente em relação à altura no primeiro questionário e recua nas reações I A durante o controle posterior. Na sua primeira fase, ela só fala de pontes *"baixas demais"* que é preciso *"aumentar"* aumentando as colunas: ela acrescenta um *A* vertical de cada lado, ou ainda lhe ocorre, para levantar a ponte sem modificar as colunas, tentar obter um tabuleiro triangular, formado portanto de dois *A* colocados obliquamente, formando um ângulo em seu ponto de junção (^), dizendo que *"é preciso fazer alguma coisa para segurar isso".* Por outro lado, ela diz que é impossível (ao contrário de Dav) fazer uma ponte somente para C3 *"porque vão poder passar aquele* (C2) *e aquele* (C1)". Mas durante o controle a ponte com o tabuleiro longo é *"maior: os carros podem passar melhor porque é maior".* O desenho mostra colunas mais longas, embora em seguida ela as declare iguais.

SOP (6;1) apesar de sua idade, alonga o tabuleiro sem aumentar as colunas *a* para fazer passar C2. Depois , ela afasta as colunas e diz que a ponte assim *"é maior".* Mas, após a repetição dos erros, ela compreende que é preciso construir *"uma mais alta",* o que não a impede de voltar em seguida à solução de afastamento das colunas, para terminar com uma fórmula semi-sintética: *"Ela é maior e mais alta".*

Além dos casos precedentes, típicos do nível I B, é preciso situar neste mesmo patamar os sujeitos com intenções maldefinidas ou realizações malcoordenadas quanto às variáveis tabuleiro e colunas:

ARA (4;6) em I diz que é preciso fazer *"um* (túnel) *maior",* mas ela aumenta apenas uma das colunas, donde um tabuleiro inclinado que leva ao deslocamento (6 tentativas seguidas). Em II, ela coloca as colunas mais altas, mas distanciadas demais, sem encontrar um tabuleiro adequado. Em II bis, ela tenta construir uma ponte somente para C3, e depois de algumas tentativas ela a nega "*porque as outras são menores que C3*", mas para C1 somente, sua ponte é grande demais.

DAV (5;4) também se contenta com várias pontes com tabuleiros oblíquos ou com colunas altas ("*C3 é grande demais: é preciso fazer o túnel mais alto*"), mas sem colocar o tabuleiro. Ele distancia às vezes as colunas (largura) ou as aproxima. Para a ponte destinada a C1 somente "*é preciso deixar mais baixo, assim ele pode passar*". E uma ponte só para C3? – *Sim, claro, tá certo.* – Os outros podem passar? – *Não, porque é a ponte dele!*"

O nível intermediário I B levanta o problema das passagens das totalidades coalescentes iniciais às interdependências obtidas por síntese. De fato, não poderia haver aí síntese entre a solução I A (aumentar = alargar) e o que se acrescenta a isso em II B (aumentar = deixar elevar), visto que a primeira é simplesmente ineficaz e que a segunda é necessária em relação ao objetivo visado, que é a passagem dos caminhões. Assim como a coexistência desses dois processos nos sujeitos Ser a Sop revela uma mistura e não uma síntese. Mas o que essa mistura introduz de novo, do ponto de vista de uma possibilidade de sínteses, é a compreensão do fato de que o tamanho e a forma da ponte dependem de diversas variáveis e não mais de uma única, e que esta sozinha é inadequada em relação ao objetivo perseguido. É, portanto, em função disso que se efetua um início de síntese, na medida em que o sujeito descobre uma espécie de contradição entre as significações que ele atribuía em I A às colunas e ao tabuleiro em suas relações durante a construção das pontes e que são obrigados a considerar em vista dos obstáculos a serem superados para garantir a passagem dos caminhões. No nível I A, a única significação das colunas é a de servirem de suporte ao tabuleiro, sem a idéia de que elas podem também modificar as alturas; enquanto os tabuleiros, de comprimentos variáveis, e que só exigem, para seu ajuste, um deslocamento das colunas sem a reconstrução destas, só têm como significação a de poder aumentar a ponte no seu conjunto. Portanto, vistos os erros durante as tentativas para fazer passar os caminhões, a contradição ou o conflito seguinte fatalmente vão se impor, mais cedo ou mais tarde, ao sujeito: as pontes que ele constrói são de altura constante e de larguras variáveis, enquanto os caminhões são da mesma largura e de alturas variáveis, de tal sorte que o tabuleiro, de cujo alargamento supunha-se que facilitaria a passagem dos caminhões, torna-se ou permanece um obstáculo no caso dos caminhões grandes. Donde a descoberta da variável "altura", que no nível I B só se acrescenta ao alargamento, mas sem o substituir, e as novas significações atribuídas às colunas e ao tabuleiro: as primeiras adquirem, além de sua função de suporte do tabuleiro, a função essencial de poder regular sua altura. Quanto a este último, ele guarda a sua função de garantir à ponte uma certa largura, mas que, se ela é suficiente, não exige nenhum aumento necessário. Por outro lado, uma vez subordinado à altura, o tabuleiro deixa de ser um obstáculo como era em I A.

Mas, se as novas significações vêm assim, em I B, substituir ou completar as do nível I A, é preciso de fato ver aí os inícios de síntese ou de "superações", ou então elas consistem apenas em resultados da leitura empírica de novos observáveis? Ora, se estes desempenham naturalmente um papel, o essencial não são os dados observados, mas sua explicação, ou seja, a compreensão das razões. Com efeito, desde o nível I A, os fatos enquanto tal já eram constatados: por exemplo, quando Ola, mostrando a aresta inferior do tabuleiro, dizia : "É aqui que não dá certo" ou um outro sujeito "é aqui que enrosca". Mas essas observações não os levavam à compreensão nem, sobretudo, à generalização do fator altura, e, para descobri-lo, uma nova interpretação se tornou necessária, e esta, que começa no nível I B, exige, além da leitura dos fatos, a intervenção de implicações entre ações do tipo "C3 é grande demais (portanto) é preciso fazer o túnel mais alto"(Dav). Ou seja, com a intervenção do fator "altura", e mesmo se o alargamento não é ainda compreendido como inútil, o nível I B marca, portanto, o início das "interdependências" que sucedem as totalidades "coalescentes" do nível I A.

§ 3. OS NÍVEIS II E III

A partir da idade próxima dos 6 anos, encontramos reações das quais as 3 novidades principais são, em primeiro lugar, o desaparecimento da noção de alargamento enquanto medida de tamanho da ponte e da passagem possível dos caminhões altos; em segundo lugar, a preocupação de uma igualdade de altura das colunas para uma posição correta do tabuleiro; e, em terceiro lugar (mas somente em caso de dificuldade possível), a consideração do intervalo entre as colunas em relação à largura do caminhão:

MAR (5;11) só constrói colunas iguais e em caso de dificuldade (situação I) ela procura corrigir as desigualdades. Após colocar duas colunas de A (sit. II) e querendo colocar um a como tabuleiro, ela diz: *"seria preciso colocar* (os A) *apertados, mas não daria para o caminhão* (largo demais para passar entre estes A aproximados). Para as pontes impossíveis, ela designa G, a e $a/2$, e, como prova, mostra o G inclinado demais se ela juntar a e $a/2$.

DAN (6;6) para igualar duas colunas em I, coloca sobre uma delas um a, mas em posição deitada (horizontal); porque se fosse vertical, levaria a uma inclinação do tabuleiro.

LEI (6;11) faz o mesmo, mas em seguida admite, para B e $a + a/2$ como colunas, que "*este é mais ou menos do mesmo tamanho deste, então está bom*". Para as pontes impossíveis, ela se limita a designar as formas curvas ou triangulares.

SAB (7;4) verifica cuidadosamente a igualdade das colunas antes de colocar o tabuleiro. Por outro lado, ela indica a possibilidade (sem construção) de colocar 3 colunas de a com distâncias iguais sob um tabuleiro A, mas não acha que o caminhão passaria melhor somente com 2 a, pois a altura permanece a mesma e a largura dos intervalos se torna também insuficiente.

RIB (7;6) em II tenta sem êxito construir com 2 A um tabuleiro angular e depois o sobrepõe simplesmente; vendo imediatamente que isto não adianta nada, ela só deixa um, mas não quer o outro como coluna e com os a e $a/2$ consegue facilmente. Para uma ponte reservada a C1 somente, mas que utiliza todos os elementos, ela diminui corretamente a altura da abertura mas sobrepõe uma segunda ponte à primeira em lugar de duplicar as peças.

FRA (7;6) como vários outros sujeitos, não se contenta com as colunas de alturas iguais, mas quer que fiquem simétricas no detalhe dos elementos.

O último nível não difere quase em nada do precedente, a não ser pelo progresso das análises antecipadoras, pois o sujeito não se contenta mais em compor os comprimentos no decorrer da construção, mas faz freqüentemente, antes de qualquer construção, comparações de elementos combinados, tais como $B = A + a/2$; $A = a$ ou $a = a/2 + a/2$.

TOM (9;3) depois de ter acertado em I, deitando um a sobre a coluna esquerda, ao invés de mantê-la de pé, recebe B e o compara aos outros elementos antes de utilizá-lo como coluna. Em II, ele compara A a $a + a$ e, constatando a igualdade, diz: "*Sim, ele vai passar.*" Depois de acertar com as pontes para C2 e C3, perguntamo-lhe se C1 poderia passar: ele compara as larguras de C1 e C3: "*Sim, ele poderia passar* – Por qual

Capítulo VII

ponte? – (ele compara as larguras C1 e C2). *Por aquela e aquela"*. Para uma ponte destinada a C1 somente, ele começa comparando um *a* com a altura de C1 e constrói então somente uma ponte com 2 colunas *a* e *a*, e diz sem antes tentar que "C2 não vai passar." Para uma ponte destinada à passagem de C3 somente, ele diz primeiro: *"Não vai passar, eu acho... mas se C3 é mais fino que C1, então sim."* Para uma ponte impossível, *"deveria ter ao menos 3 peças para uma ponte"*.

DID (11;2) emprega dois tipos de métodos. Um deles consiste em uma forma de medida direta: construir a ponte em torno do caminhão, o que em I permite constatar imediatamente o que falta para a conclusão da construção. O outro é, como o de Tom, o de analisar as relações de comprimentos, por exemplo $a + B = a/2 + a + a$ antes de utilizá-las nas construções. Para as pontes impossíveis, ele afasta os elementos disformes e diz como Tom que "para uma ponte, é preciso pelo menos 3 peças".

O nível II é o primeiro em oposição ao I B, em que todas as interdependências reconhecidas ou construídas pelo sujeito são válidas em seu princípio: a altura igual das colunas, seu ajuste à altura dos caminhões, a simetria figural, a horizontalidade do tabuleiro, etc., constituem, de fato, tanto quanto características da construção de pontes adequadas, ao contrário das condições de alargamento do tabuleiro que subsistem ainda no nível I B. Mas o interesse desses progressos sintéticos é o de provocar a formação de novos obstáculos ou conflitos que deverão ser superados e dos quais a natureza dialética terá de ser examinada de perto, pois ela não é da mesma natureza que as "pseudonecessidades" do tipo "alargar para aumentar", que se baseiam em um erro objetivo.

Um exemplo simples é o da simetria figural, do qual várias das nossas situações impedem que ela seja completa, o que exclui naturalmente a igualdade das colunas. Ora, o sujeito querendo realizar o seu projeto aplica-se a múltiplas tentativas que seriam muito longas a descrever e das quais nos basta dizer que há aí um obstáculo a ser vencido, novo em relação aos estágios anteriores e que resultam, assim, de seus progressos, mas conflitantes. Na realidade, o obstáculo é devido somente a uma ou a algumas exigências processuais redundantes: só falaremos, portanto, neste caso de "pseudo-obrigações" e jamais de pseudonecessidades, mas logo vemos que a função delas pode ser análoga nas superações de algumas dificuldades.

Um outro exemplo dessas pseudo-obrigações concerne à obrigação das combinações. O sujeito concebe facilmente a possibilidade de várias combinações para preencher uma mesma função: assim, uma coluna pode ser obtida por meio de $(a + a)$ ou de A somente, ou de $(A + a)$, etc., mas ele não admite combinações diferentes dentro de uma mesma construção, como de um lado uma coluna $(A + a)$ e do outro a composição $(a + a + a)$. Veja em relação a este assunto o caso de Rib. A superação consistirá nessas situações em que deverão ser feitas as sínteses desses possíveis separados, para reuni-los em uma mesma construção.

Essas limitações se encontram *a fortiori* nas reações à questão das pontes impossíveis, em que o argumento principal, além da eliminação das formas curvas ou triangulares, é a desigualdade das peças mais ou menos componíveis, mas que são julgadas inutilizáveis pelo fato de provocarem a queda ou a falta de horizontalidade do tabuleiro.

De maneira geral, a passagem do nível II ao patamar superior é caracterizado pelo desaparecimento das pseudo-obrigações pelo fato de o sujeito não raciocinar mais sobre os elementos qualificados dos quais as propriedades específicas se manifestam essencialmente no decorrer das construções, mas sobre comprimentos quantitativos homogêneos entre si e componíveis sem limitações artificiais, e isso acontece freqüentemente antes mesmo de qualquer construção. Essa retirada dos obstáculos subjetivos devido às pseudo-obrigações do nível II ocasiona, portanto, superações que interessam não somente às situações particulares, mas também ao modo mesmo de pensamento dos sujeitos, levando em conta os objetivos puramente materiais e físicos que propomos à atividade deles. Podemos distinguir três aspectos complementares nessas superações. O primeiro é a possibilidade de substituição geral dos blocos dentro de suas composições, desde que o resultado destas chegue a equivalências métricas: todas as combinações são válidas se os comprimentos desejados forem equivalentes (por exemplo, $B + A = A + a/2$ ou $(a + a + a/2)$). Em segundo lugar, e como conseqüência, os blocos não são mais subordinados a uma função especial nas construções, pois uma mesma combinação pode preencher duas funções distintas, sem as restrições artificiais ligadas aos processos que o sujeito do nível II se dava tão freqüentemente como obrigatórias. Em terceiro lugar, a orientação do bloco considerado não é mais modificada em caso de necessidade local, mas é evidente que qualquer elemento pode ser utilizado deitado ou de pé de acordo com as necessidades, apesar do (ou por causa do) caráter limitativo do material oferecido em cada situação.

§ 4. CONCLUSÕES

Esta pesquisa tinha como objetivo estabelecer se já descobrimos algum aspecto dialético na solução de um problema de inteligência puramente prático, sem intervenção de operações bem-definidas, como no Capítulo II, ou de noções abstratas como as conservações, mas se limitando à simples construção material de um objeto tão pouco complexo quanto uma ponte sob a qual devem passar caminhões. No entanto, nossos resultados superam qualquer expectativa, primeiramente nos colocando na presença de fatos novos, como as totalidades coalescentes do nível I ou as pseudo-obrigações do nível II, e em seguida colocando em plena luz o desenvolvimento das implicações entre ações, em caso de conflitos e a relativização que caracteriza as sínteses por superações que permitem ultrapassar os obstáculos, sejam eles de natureza objetiva (pseudonecessidades do alargamento do nível I) ou subjetiva (pseudo-obrigações).

É do que trataremos agora, a começar pelas implicações entre ações das quais a natureza evolui e difere tão profundamente entre os níveis I A e III. Em todas as etapas, certamente, encontramos constantemente na base uma implicação geral, segundo a qual o objetivo a ser atingido implica certos meios de reunião e de orientação que colocam em prática ao menos três elementos. Mas é na natureza dos meios que as implicações diferem, pois, é importante lembrar, elas não se confundem absolutamente com a causalidade (ou condições de produção) das ações, embora seja inseparável delas: o que elas ligam são as significações desses atos, por mais materiais que elas sejam; ora, toda significação, desde os níveis sensório-motores, consiste na assimilação dos dados a esquemas ou conceitos, de tal modo que para um sistema físico qualquer, por mais simples que seja, as significações e suas implicações são relativas ao seu "modelo", construído pelo sujeito enquanto interpretação das observáveis em termos de relações consideradas como necessárias.

Ora, o paradoxo de nossos resultados é que a primeira implicação sistemática fornecida por nossos sujeitos é precisamente falsa do ponto de vista da causalidade, o que já é suficiente para mostrar seu caráter conceitual: constatando

Capítulo VII

que um caminhão não passa sob uma ponte, o sujeito infere disso que é preciso aumentá-la, o que até aqui está correto, mas a significação de aumentar é, para ele, de "alargar" o todo sem ainda modificar sua altura: essa implicação não engendrará, portanto, um sistema de interdependências, com suas necessidades, mas permanecerá intrínseca em relação a esse estado de dependências imediatas e não analisáveis, visto que não dissociáveis, que chamamos de "coalescência" e da qual a implicação considerada como tal pelo sujeito, e como central em seu modelo, baseia-se de fato em uma pseudonecessidade.

No nível I B, a implicação "passagem do caminhão → ponte maior" permanece central e, em muitos casos, "maior", adquire a significação correta de "mais alta", o que leva a uma interação necessária. Mas ela só é assim parcialmente, pois em outros casos, e com os mesmos sujeitos, a altura é momentaneamente negligenciada e o "maior" guarda sua significação de alargamento apenas em jogo em I A. Segue-se, então, uma mistura que não é uma síntese, e quando Sop termina com a formulação de sua significação "ele é maior e mais alto" em vez de "ele é maior porque mais alto e mais largo", vemos bem o que falta a essa mistura para constituir uma síntese.

Com o nível II, assistimos, por outro lado, à eliminação da pseudonecessidade do alargamento geral (uma largura suficiente sendo implicada explicitamente por Mar) e a implicação correta "passagem do caminhão → altura suficiente" torna-se, assim, geral em cada situação. Mas essa necessidade reconhecida no decorrer da construção, e se referindo ainda somente aos observáveis, sem atingir os cálculos precedentes de equivalências próprias do nível III, é acompanhada de limitações processuais inutilmente restritivas (simetrias completas, relações entre combinações e funções, etc.), donde as relações curiosas que não se baseiam nas pseudonecessidades, visto que isentas de erros objetivos, mas consistindo em "pseudo-obrigações" (pois o sujeito "acha que deve" se comportar de tal ou tal maneira, o que se observa também na história das ciências e permanece corrente nos comportamentos sociais dos adultos). Donde novos obstáculos, no entanto, subjetivos, que só traduzem a insuficiente abstração que as implicações deste nível testemunham.

No nível III, enfim, as implicações entre ações atingem a categoria de inferências operatórias, do tipo "se $A = (a + a)$, então um dos termos dessa equivalência pode ser substituído por outro em qualquer circunstância" (com a condição, claro, de que $a + a$ permaneçam ligados, o que está fisicamente excluído para fazer disso um tabuleiro).

Esse progresso contínuo das implicações entre ações, que só se manifestam em momentos de obstáculos ou de conflitos a serem superados, constitui realmente as fases de uma dialética, sobretudo porque podemos traduzi-lo em termos de ralativizações ou de construções de novas interdependências do ponto de vista das abstrações e generalizações: colocadas relações permanentes das variáveis, composições, substituições, etc. Mas quer escolhamos o vocabulário das implicações, relativizações, interdependências ou sínteses, o motor constante de qualquer progresso, de um nível ao seguinte ou no decorrer da interrogação de um mesmo sujeito, consiste em uma composição transitiva das implicações que conduzem a ligações do tipo lógico-superior: "Se x → y e se y → z então x → z.", ou ainda "se x → y_1 ou y_2" e "se y_1 → z_1 ou z_2" então... etc. Quanto à superação, ele não constitui um processo isolável, tal como poderíamos falar de uma lógica de superações: ele é resultado das combinações novas

Capítulo VII

de implicações. Por outro lado, toda novidade não é uma superação, pois ela pode resultar da simples constatação de fatores ou variações não percebidas ou negligenciadas até então: só há superação dialética por oposição à empírica ou mesmo simplesmente discursiva (tomada de consciência de uma dedução possível a partir de conteúdos que a comportavam anteriormente) se há construção de uma forma nova, seja ela ligada ou não à interpretação renovada de uma observável, e construção endógena, devido à composição das implicações.

CAPÍTULO VIII

A DESCOBERTA DE DOIS TIPOS DE REGRAS SEGUIDAS POR UM PARCEIRO

com *M. Bovet* e *Cl. Monnier*

O Capítulo III, que já tinha a participação de dois parceiros, tratava da antecipação das condutas de um adversário de jogo, mas de condutas que variavam de acordo com o estado do jogo, ou seja, proteger-se ou desafiar para chegar à vitória, o que levava o problema para composições de deslocamentos correlativos. A situação que vamos estudar é bastante diferente. O sujeito, possuindo peças vermelhas (Vm.) e amarelas (Am), deve alinhá-las na ordem que quiser. O parceiro adulto, que possui peças verdes (Ve) e azuis (Az), constrói, por sua vez, uma fileira paralela, colocando na sua própria seqüência uma peça cada vez que o sujeito colocou uma, mas sempre depois dele. Pedimos ao sujeito para descobrir a ordem ou a regra de sucessão do conjunto das peças já alinhadas que foi seguida pelo experimentador e que permanece sempre visível. Há, então, duas possibilidades gerais. A primeira, que chamamos "jogo I", é a que não tem nenhuma relação – portanto, nenhuma correspondência – entre a ordem da sucessão escolhida pelo sujeito e a que seu parceiro adota, e a única conexão permanece temporal, pois Ve ou Az só são colocadas pelo parceiro depois que o sujeito tiver colocado sua peça Vm ou sua Am. A segunda possibilidade, chamada "jogo II", ao contrário, deve ter uma correspondência termo a termo entre as duas fileiras, e o sujeito deve então descobrir qual é. O primeiro problema que interessa à dialética em tal nível é naturalmente o de analisar os meios que o sujeito utilizará para distinguir uma situação de dependência de um estado de não-dependência, pois, da mesma forma como pudemos falar de pseudonecessidades objetivas ou de pseudo-obrigações subjetivas, o sujeito pode imaginar, no presente caso, as pseudodependências favorecidas em particular pela sucessão regular das ações: uma peça colocada pelo parceiro depois de cada peça colocada pelo sujeito. O segundo interesse da situação é que, para reconstruir a regra seguida pelo parceiro e antecipar as passagens seguintes, o sujeito deve raciocinar sobre um objeto construído por um outro sujeito. No Capítulo III, o sujeito já é obrigado a prever o que pode fazer o adversário, mas ele só supõe o que ele próprio teria feito no seu lugar em tal situação, enquanto no presente caso nada pode guiá-lo, a não ser o exame do que o parceiro colocou até o momento e a antecipação da maneira como ele continuará, para chegar a uma regularidade mais ou menos complexa. Essa determinação pelo sujeito da ordem de sucessão escolhida pelo experimentador comporta, portanto, a exigência de uma constante solidariedade entre o exame retroativo (←) do já ordenado e a previsão proativa (→), mais exposta ao erro, do que vai ser colocado, enquanto estas leituras, que chamamos "horizontais", devem ser completadas por leituras "verticais" (↓↑) necessárias para distinguir as regras do tipo I (independências) das do tipo II (correspondência). É a interação progressiva entre essas quatro formas de leitura que permitirá falar de superações dialéticas de um nível ao seguinte deste desenvolvimento.

Capítulo VIII *147*

§ 1. Os Níveis I A e I B

Os sujeitos do nível I A misturam, sem sistema, as dependências (jogos II) e as independências (jogos I), e as correspondências em um sentido e outro (II A copiando II E, se chamamos II A a regra do adulto e II E a da criança).

EZI (4;11) para I A = Vm/Am e I C = Az/Ve : "Você tem uma idéia? – *Sim, que você vai colocar agora Am* – E depois? – *Um Vm: eu olhei* – Qual? – *O seu e o meu (↓↑)* – E depois? – *Um Am.* – Por quê? – *Eu olhei aquele* – E depois? – *Um Vm. Eu olhei aquele"*. Ele postula portanto, desde o início, uma correspondência entre I A e I E, Ve/Az correspondendo a Vm/Am. "O que você está olhando? – (Ele mostra as duas séries I A e I E)." No jogo II, ele admite imediatamente a correspondência, mas, tendo colocado como 3º par dois Az ao invés de Az/Ve, ele se espanta ao ver em II A dois Vm ao invés de Vm/Am, o que é, no entanto, a prova de que há bijeção. No decorrer do jogo, Ezi coloca às vezes um par ou mesmo três Ve sucessivos e também um par de Az. Mas, embora o adulto faça corresponder a cada lance seus Vm/ Am às peças que o sujeito coloca logo antes, este último fracassa 5 vezes em 7, em suas previsões em um setor próximo do fim. "Não os colocamos iguais? – *Não.*" Ele compara então os II A e II B já construídos e finalmente acha: "*Quando eu coloco um Az, você um Vm e eu Ve, você Am* (ele sorri)."

CAR (5;6) para I A = Az/Ve em alternâncias simples, copia I E desde o 3º par: "O que você está olhando? – *As suas, como você as coloca*". As previsões são então exatas, pois a sucessão permanece Az/Ve: "E se você colocasse um Am no lugar de um Vm? – *Você vai colocar Ve. Toda vez que eu coloco Am, você Ve e se eu Vm, você Az.*" É, portanto, o sujeito que se torna atuante e o adulto copiante. Mas este, em I A e não em II! "Onde você percebeu qual é a regra (I A) que eu segui? – *Aqui* (o 12!)."

KAT (5;1) para I A = 1 Az/ 2 Ve começa copiando os dois primeiros Ve de I A e depois passa para alternâncias simples e regula de novo o fim de I E em função de I A, com previsões corretas quando há alternâncias e falsas quando não há. Para a leitura final de I A, ela dá 1 Ve, 1 Az, 2 Ve,

2 Az ao invés de 1 Az, 2 Ve. Quanto ao jogo II, ela só vê bijeção em caso de alternâncias simples e colocando ela mesma 3 Vm, não prevê 3 Ve em II A.

DAN (6;8) para I A = 1 Ve, 2 Vm, 2 Ve, 1 Vm supõe imediatamente que I A copia I E: "*Quando eu coloco Am você coloca Ve e quando eu coloco Az você Vm.* – O que você está olhando (as previsões em 10-16 eram quase todas erradas) – *As duas linhas ao mesmo tempo* (mostra ↑ e ↓). – Se você olhasse somente I A (← e →) isto lhe daria uma outra idéia? – *Não.* – Olha a minha. – *aí e aí está errado* (= I A concebida como malfeita!). *Aí também está errado*".

JEA (6;11) para I A = 4 Am, 1 Ve responde com 5 Az, 1 Vm, 4 Az, 1 Vm, etc., copiando visivelmente com 1 elemento de atraso a série I A, "*porque eu sabia* (desde o 5) *que você pega muito Am e 1 Ve.* – Como você olha? – *As linhas* → *e* ←. Algum lugar o ajudou? – *São os Am*". Quanto às dependências em II, elas são recíprocas, ora II E é atuante e copiado por II A (correto), ora é o inverso: "*Você colocou um Am porque eu coloquei um B*". Mas ele não sabe que é copiado e não acredita que lhe é permitido mudar de cor.

Constata-se que, de fato, os sujeitos admitem logo no início, no jogo I, que há dependência entre I A e I E, mas nos dois sentidos (I E – I A e o inverso). Em II, ocorre o mesmo, mas Ezi não reconhece a bijeção em caso de vários elementos iguais em seguida e só descobre bem no final e retroativamente que houve correspondência geral mas com sugestão: "não os colocamos iguais?" Car acredita que acha a mesma correspondência, mas no jogo I (independência). Dan chega mesmo a acusar o adulto de estar errado. Jea, no jogo I, copia I A com a diferença de um único elemento.

O nível I B não marca um progresso quanto ao jogo I, no qual o sujeito continua a procurar dependências. Por outro lado, no jogo II, ele consegue, mais ou menos rapidamente, encontrar as bijeções no sentido II E – II A e a formular esta lei sem questões sugestivas:

Capítulo VIII

LAU (5;1) reage no jogo I como os sujeitos precedentes, mas em II ela formula rindo uma descoberta repentina: "*Quando eu coloco Am você coloca Az e quando eu coloco Ve você coloca Vm*".

YAC (5;1) descreve seu método de comparação vertical ↓↑. Quanto ao jogo II, ela formula rapidamente a lei: "*Você coloca as cores como eu, mas outras cores* (Am para Ve e Az para Vm)."

DIA (6;0) no jogo II: "*Eu olho assim* ↓. *Você faz como eu, mas você tem outras cores* – E se você colocasse todos os Ve o que eu colocaria? – *todos os Az.*"

FRÉ (7;2) para I A = 1 Am, 2 Ve coloca em I E1 par de Az e muitos Vm, o que constitui uma influência de I A sobre I E: "Como você olhou? – *Assim* ↓↑ *mas também assim* ⇄ *os dois jeitos que eu olhei*". Só que como a correspondência não deu muito certo, ele diz: "*Quando eu coloco Vm, você não tem uma idéia, eu acho* – Mas se eu tenho. – (Ele olha mais de perto). *Você coloca 1 Am, 2 Ve, 1 Am, 2 Ve.*" Quanto ao jogo II, ele formula explicitamente: "*Você está me copiando.*"

ANG (7;7) para o jogo I, ele se acha copiado por I A: "*Eu coloquei dois Am e você dois AZ; eu coloquei 1 Vm e você vai colocar 1 Ve.*" Mas como a dependência se verifica pouco, ela diz: "*Você se enganou aí*" ou "*você esqueceu de colocar 1 Vm aqui*". No jogo II, ela acredita primeiro em um sentido II A – II B e depois descobre o inverso.

No total, o interesse deste nível I é que os sujeitos, pelo fato de cada uma de suas ações de alinhar em I E ser seguida por uma mesma ação do adulto em I A, acham que o conteúdo dessas ações, ou seja, a ordem de sucessão das próprias peças, irá comportar inevitavelmente uma relação de dependência. Nenhum dos sujeitos compreende, de fato, que no jogo I o adulto fica independente e decide sozinho. Na medida em que há dependência, é o contrário, a criança tenta copiar o que faz o adulto em I A nos lances precedentes ou adivinha o que ele fará. Mas como nesses casos a correspondência só pode ser aproximativa, o sujeito não insiste nas diferenças ou as atribui aos erros do adulto em I A. No nível I B ainda e mesmo aos 7 anos Fré diz: "Você não tem uma idéia, eu acho (do que você deveria colocar para que haja bijeção)", e Ang: "você se enganou lá" ou "você esqueceu de colocar Vm aqui". Portanto, não é um exagero falar de "pseudodependências", para caracterizar essas reações do nível I, e os sujeitos mais novos chegam a fazer previsões, após ter sido colocado um único par de peças.

§ 2. OS NÍVEIS II E III

No nível II, os sujeitos conseguem, no jogo I, compreender a independência da série I A construída pelo adulto, mas somente após diversas tentativas e verificações que devemos analisar.

SCO (6;0) acredita primeiramente em uma bijeção I E → I A: um Az para um Am e um Ve para um Vm: "tem certeza? – *Sim, totalmente.*" mas como isso não adianta: "*Talvez você tenha mudado de idéia.* – Eu não." Após uma nova derrota : "*Mas você me disse que você não ia fazer truques!*" depois: "*Eu sei, assim que eu digo alguma coisa, você faz o contrário!*" "*Ah! quando eu coloco um Vm você coloca 2 Ve e às vezes Az: você muda às vezes. Espera: existem alguns misturados.*" Ele consegue, no entanto, adivinhar 5 vezes sucessivamente e depois descobre: "*tem alguma coisa que não é a mesma no seu e no meu.*" E finalmente: "*Então agora eu entendi o seu plano: você não muda, você coloca 2 Ve, 2 Az, 2 Ve, 2 Az.*"

MAR (7;5) começa acreditando em uma bijeção simples dos Az e Ve de I E com I A: "*Quando eu coloco Am, você coloca Ve, e quando eu coloco Vm, você coloca Az.* – Tem certeza? – *Não muita.*" As previsões para I A são corretas através de leituras ↑↓. "É importante o que você coloca? – *Não.* – Você os coloca de qualquer jeito? – *Sim.* – Por exemplo, se você

Capítulo VIII

colocasse sempre Vm, Vm, Vm...? – *Sim*. – Mas como é que eu continuaria? – *Vm, Az, etc.*"

ALB (8;9) oscila quase até o fim de I entre duas regras, uma de correspondência ou dependência, quando suas comparações são de direções ↑ e ↓, a outra de independência que se seguem ⇄ na única linha I A, dizendo nesse caso "*quando eu não tenho muita certeza, você muda* (= é você de acordo com a sua idéia)". No fim, ele se decide pela independência "*ah! Eu descobri*: (você coloca) *1 Vm, 2 Am, etc. Os Am você colocou 2 e Ve você coloca 1.*" Mas quando lhe perguntam se ele pode colocar os dele de qualquer jeito, ele fica perplexo: "*Eu penso antes.*" Por outro lado, no jogo II, quando ele colocou 5 pares de Vm/Az e pôde constatar a correspondência entre II A e II E, perguntamo-lhe a maneira como ele poderia prová-lo ("colocar as peças para ter certeza") e ele acha o procedimento de verificação que será generalizada no nível III: ele duplica Vm e diz "*Eu queria ver se você colocava a mesma coisa* (que 2 Vm)", e como é o caso, ele conclui: "*Isto quer dizer que você coloca as mesmas peças que eu e que você poderia trocar as suas pelas minhas.*"

PHA (8;2) começa com uma correspondência simples Vm/Am e Az/Ve; depois do 5º par diz "*Olha! Tem alguma coisa me atrapalhando: 1 Ve para 1 Vm e 1 Am para 1 Az*" e ele erra na previsão seguinte: "Você tem uma outra idéia quando eu coloco Am e Ve? – *As suas você coloca 1 Am 2 Ve, 1 Am 2 Ve, sempre 1 2, 1 2, 1 2* – É importante como você coloca as suas peças? – *Não muito, eu as coloco do jeito que me dá na cabeça.*"

CAT (8;5) começando pelo jogo II, vê rapidamente a bijeção e acerta nas antecipações "*porque você olha os meus*", enquanto no jogo I ela adivinha desde o 2º grupo de três a regra I A: "*1 Ve, 2 Az, 1 Ve, 2 Az de novo* – Os que você coloca contam para mim? – *Não*."

PAU (8;9) começa com a hipótese da bijeção simples, depois, acertando uma previsão, diz: "*Eu coloquei um Vm aqui porque você sempre faz o contrário*", o que ainda é uma correspondência. "O que você está olhando? – *As minhas peças ao mesmo tempo que as suas.* – Como você vai achar? – *Vamos continuar.*" Depois ele tem uma brusca iluminação:

"*Eu tenho uma idéia agora: mesmo se eu coloco de qualquer jeito, você sempre coloca do seu jeito*".

VIN (8;9): As mesmas reações iniciais com tenacidade na sua procura de correspondência, e depois: "*As suas são 1 Az e 2 Am.* – E a sua linha? – *Ela não é a mesma coisa que a sua* – Conta como você coloca as peças? – *Não, não na sua ordem.*"

CES (9;0): As mesmas tentativas longas de correspondência, e depois: "*Eu descobri: quando colocou 4 Ve, você coloca 1 Az* (dá 4 boas antecipações) – Os seus são importantes para a minha regra? – *Não* – E se você só colocasse Am? – *Você continuaria assim: todos 4 Ve, 1 Az, 4 Ve, 1 Az.*"

FIL (9;4): Mesmo início, e depois : "*Eu descobri: não muda nada as minhas cores: você colocou sempre 1 Am 3 Ve, 1 Am 1 Ve, 1 Am 3 Ve, etc.*"

Antes de discutir esses fatos, comparamo-los com os do nível III, quando os sujeitos fazem menos tentativas anteriores para achar correspondências no jogo I, começam com hipóteses simples e se dedicam, em geral, a verificações bem concebidas:

RIA (10;10) em I E só coloca Ve, Am, Ve, Am .... mas vê desde o início que I A não é igual: "*Eu descobri: é 2 Az, 2 Vm (em I A).* – Como você sabe? – *Eu vi 2 Az, 2 Vm, agora 1 Az você vai colocar de novo 1 Az e depois 2 Vm.* – Você leva em conta o que eu coloco? – *Não.* – E se você colocasse todos os Ve? – *Você continuaria 2 Az, 2 Vm.*" Jogo II: "*Eu descobri* (imediatamente): *a mulher* (a secretária) *coloca a mesma coisa que eu.*" Retomamos um jogo I: "As suas cores, como você escolhe? – *Por acaso* – Mesmo? – *Não, eu as coloco assim para ver se você faz como eu.*"

PIE (11;6) começa pelo jogo II com Am/Vm, Am/Vm. Quando passamos para o jogo I, como a primeira peça colocada em I A era Ve, Pie prevê um segundo Ve. "O que você está olhando? – *O que veio antes* (em I A)." A seqüência continua Am/Vm em I E. Em I A, algumas antecipações corretas permitem a Pie descobrir rapidamente a lei: "*Você quer que eu ponha sempre 1 Vm 1 Am, etc.? O seu jeito é 2 Ve 1 Az, 2 Ve 1 Az, etc.* – E se você colocasse sempre todos Vm, Vm, Vm? – *Você continuaria 2 Ve, 1 Az, 2 Ve, 1 Az...*"

MIO (11;3) em I "*pensa*" primeiro em uma bijeção, mas a título de hipótese e sem certeza. Ela desiste após duas antecipações erradas e olha durante muito tempo o que vem antes em I A; na 10ª ficha ela diz: "*É sempre 1 Am, depois 1 Vm, 1 Am depois 1 Vm, 1 Am depois 3 Vm e depois começa de novo.* – E as peças que você estava colocando, eram importantes? – *Não, não muito.*"

As reações do nível II têm um certo interesse quanto à natureza e à resistência das "pseudodependências" que constituem o obstáculo geral a ser superado dialeticamente nesta pesquisa, para opô-lo às dependências autênticas dos jogos no II.

O primeiro fato surpreendente nos sujeitos, que acabam todos, ao contrário dos do nível I B, descobrindo a independência de série I A em relação a I E, é a convicção com que começam afirmando a existência de uma dependência: Sco afirma que ele tem "totalmente" certeza e Vin manifesta essa certeza pela sua tenacidade (somente Mar não tem certeza de sua hipótese do início). O segundo caráter, que deriva do precedente, é a duração e a variedade das tentativas de fazer correspondências (das quais não podemos dar detalhes), quando a primeira forma proposta é desmentida pelos fatos: alguns sujeitos chegam até mesmo a imaginar as correspondências oblíquas relacionando um termo x de I A, não com aquele que foi colocado pela criança após a sua colocação, mas com um termo vizinho.

Uma terceira reação a ser levantada consiste, se a dependência não se verificar, em acusar o adulto, como Dan no nível I B: assim Sco atribui ao adulto a possibilidade de "fazer truques" ou de "mudar às vezes" e de efetuar "misturas", ou ainda de "fazer o contrário", o que é, aliás, uma forma de correspondência (ver também Pau). Quanto aos fatores que conduzem à descoberta da independência da série I A, eles podem ser de dois tipos. Em um caso, e sobretudo, quando o sujeito começou com o jogo II (dependência), o sujeito fica chocado com o fato de duas peças diferentes poderem ser colocadas em I A sob a mesma cor escolhida em I E ou que uma mesma peça em I A seja colocada sob elementos diferentes de I E: donde a surpresa de Pha ("Olha! Tem alguma coisa atrapalhando") que a leva a compreender que a série I A é independente de I E. Mas o fato geral que leva à descoberta freqüentemente brusca (*insight*) dessa independência é que a ordem de sucessão em I A se conserva de um extremo ao outro da série, portanto "sempre" como dizem Pha, Pau, etc., ou porque "você não mudou o seu plano" (Sco), o que implica sua independência. Nosso controle, constantemente utilizado para verificar a crença novamente adquirida nessa independência, consiste então, naturalmente, em perguntar ao sujeito se a sua regra em I E tem importância para I A (Pha e Ces) ou o que aconteceria se ele mudasse sua ordem ou a dispusesse "de qualquer jeito" (Mar, Pau, Fil) ou ainda se I A o "leva em conta" (Cat, Vin, Fil). Ora, a resposta é unânime e formulada de maneira notável por Pau: "Mesmo se eu colocar de qualquer jeito, você vai colocar sempre de acordo com a sua idéia."

Ao contrário das tentativas e longas hesitações dos sujeitos do nível II, encontramos em III soluções rápidas e freqüentemente imediatas (Ria), muitas vezes acompanhadas de verificações: a mais bonita é novamente a de Ria, que dispõe seus elementos mais ou menos por acaso em I A "para ver se você faz como eu".

Capítulo VIII

§ 3. CONCLUSÕES: PSEUDODEPENDÊNCIAS EM DIALÉTICA

Uma vez que um processo dialético consiste, no geral, em construir novas interdependências não percebidas até esse momento – portanto, em reunir em um sistema de conjunto dois sistemas inicialmente independentes ou opostos que se tornam então os subsistemas de uma nova totalidade que, por sua vez, os torna solidários –, era importante estudar uma situação inversa, em que dois sistemas aparentemente ligados por uma relação de dependência devem ser dissociados sem que a afirmação (independência) dê lugar a uma síntese, somente a título de conjunto de possibilidades diferentes. É por essa razão que o estudo de um caso particular de "pseudodependência" se impôs.

No Capítulo VI, vimos os sujeitos mais novos afirmarem que o tamanho ou volume de uma "casa" só dependia de sua altura, o que é um caso de pseudonecessidade que atribui à igualdade de dois objetos um caráter que não é necessário, mas que poderá ser conservado em seguida, uma vez tendo-o relacionado com a área da casa. No Capítulo VII, além de um outro caso de "pseudonecessidade" (alargamento da ponte), acrescentou-se o que chamamos de "pseudo-obrigações", por exemplo quando, para igualar a altura das colunas, o sujeito se acha obrigado a introduzir uma simetria exata entre seus elementos componentes: nesse caso, a condição que o sujeito se impõe não é falsa, mas inútil, embora aceitável, e a superação consiste em ver nisso somente uma possibilidade dentre outras. A "pseudodependência" estudada neste capítulo é parente da anterior, mas é atribuída às intenções de um parceiro e, além disso, ela é falsa, e sua negação, como diz em seguida, não conduz a nenhuma síntese, mas somente a uma abertura sobre novos possíveis.

Ora, essa "abertura" enquanto resultado da negação de uma pseudodependência não deve ser, de forma alguma, negligenciada. De fato, se, em cada um de nossos outros capítulos, escolhas intervêm entre vários possíveis, é sempre no interior de um sistema de conjunto fechado que as comporta muito pouco. Por outro lado, na situação presente, o sujeito estabelece no jogo I que a regra do adulto I A não apresenta uma correspondência de um extremo ao outro com a ordem seguida em I E, não aprende nada a mais para determinar esta regra I A do que seu caráter de ser outro e de poder assim pertencer a qualquer ordem possível, exceto I E; mas elas são múltiplas e a primeira coisa a fazer, para escolher entre elas, é, portanto, achar os métodos inferenciais ou implicações entre ações que permitirão tal escolha. Mas, esses métodos exigem uma coordenação geral entre o possível, o real, o necessário, o suficiente e o provável, e é essa coordenação inicial à qual conduz a negação da pseudodependência, enquanto a descoberta da lei I A não constitui senão uma superação final. Ou seja, antes dessa superação terminal que consiste em achar a lei imaginada pelo adulto em I A, a sucessão dos níveis, do primeiro ao último, é caracterizada por progressos metodológicos do sujeito na análise dos fatos e são essas superações anteriores na argumentação da criança (no que ela considera como prova) que necessita uma coordenação do necessário, do real e do possível. A primeira necessidade é naturalmente a comparação vertical das peças sucessivamente colocadas em I A e I E e que permite decidir pela dependência e pela independência. A condição de suficiência intervém igualmente nessa confrontação, mas no negativo: basta um caso de não-correspondência entre duas peças superpostas, para decidir pela não-dependência, como vemos em Alb até

Capítulo VIII

o fim de sua análise do jogo II, ele coloca 2 Vm seguidos para "ver se você colocaria a mesma coisa", o que, em caso de não-cópia, teria excluído a dependência. Uma outra forma de necessidade, constantemente invocada desde o nível II (mas não ainda no nível I B), para provar que o adulto segue uma regra e que serve também para achar qual é ela, é a repetição da mesma seqüência na série I A: "você não muda" diz Sco, "você sempre coloca 1, 2, 1, 2", diz Pha, "você coloca sempre de acordo com a sua idéia", diz Pau (ver também Ces e Fil). Quanto ao real, ele é fornecido pela análise retroativa (←) de tudo o que já foi colocado até o dado momento, o que permite seja descobrir já a regra I A, seja fazer hipóteses que deverão ser verificadas nas antecipações posteriores. Quando perguntamos ao sujeito a partir de qual peça ele pode se pronunciar, observamos, em geral, uma diminuição da série utilizável, mas ela depende também dos fatores individuais de prudência: curta em Pie, é preciso 10 peças para Mio que examina durante bastante tempo os dados. Finalmente, o possível, mais ou menos provável, está naturalmente em jogo nas antecipações. Além disso, os sujeitos adiantados compreendem que os possíveis são suscetíveis de modificar a lei de conjunto da série, enquanto antes dessa reação a seqüência das peças já colocadas constitui uma totalidade não-modificável em sua lei, mas somente por adições.

CAPITULO IX

UM CASO DE INTERDEPENDÊNCIAS ENTRE AS AÇÕES EXPLORADORAS DO SUJEITO

com *A. Wells* e *L. Banks*

Todos os capítulos anteriores trataram, dentre outras coisas, do caráter geral de toda dialética, que é a construção de novas interdependências. Mas, em cada um deles, exceto no primeiro, essa construção comportou modificações, efetuadas pelo sujeito, de um objeto particular ou de coleções de objetos exteriores a ele, dos quais se tratava de mudar as formas, as posições ou a ordem. Somente no Capítulo I, o problema era reconhecer ou encontrar um objeto escondido entre outros, em função de suas propriedades (predicados, etc.), mas estas podiam ser determinadas através de um sistema de encaixes lógicos, e esse sistema constituía o único fator variável a ser construído pelo sujeito. Este capítulo trata de uma questão aparentemente análoga, no sentido em que pediremos igualmente ao sujeito para reconstituir o que se poderia ver atrás de uma tela. Mas os objetos assim escondidos não comportam nenhum encaixe nem qualquer relação lógica entre eles: consistem, na realidade, em uma borracha, um lápis e uma régua situados respectivamente dentro de 2, 3 e

4 casas de um quadrado dividido em 36 casas (6 x 6), e o problema é exclusivamente determinar sua posição exata, sem modificar o que quer que seja. O interesse da pesquisa (e, apesar das aparências, ele é grande) é, então, tratar das interdependências que se impõem progressivamente entre as ações exploradoras do sujeito: não podendo este fazer suas perguntas senão sobre 1 ou às vezes 2 casas entre 36 e devendo pensar nos três objetos ao mesmo tempo, constata-se um distanciamento considerável entre os métodos quase puramente empíricos dos inícios e os procedimentos sistemáticos dos níveis superiores, e assistimos assim, sob uma forma quase pura, à elaboração de implicações entre as ações, visto que as interdependências só se constituem entre estas sem nenhuma modificação dos objetos, portanto sem intervenção de resultados observáveis, como nos casos em que o sujeito manipula dados físicos exteriores a ele.

Desenrolar da experiência. – A criança está sentada a uma mesa, em frente ao experimentador. Ela tem à sua frente, sobre a mesa, um cartão no qual está desenhado um quadrado de 15 x 15 cm, dividido em 36 casas de 2,5 x 2,5 cm. 36 peças de madeira encontram-se sobre a mesa, ao lado do tabuleiro da criança.

a) *Parte preliminar*

Explicamos à criança que ela deve tentar encontrar três objetos – uma régua, um lápis e uma borracha – que se encontram em algum lugar no tabuleiro do experimentador. Mostramo-lhe, deslocando modelos de papelão sobre o seu tabuleiro, que esses objetos podem se encontrar em inúmeros lugares, mas que eles estão sempre inteiros. Nós lhe explicamos que esses objetos não se entrecortam e nunca se encavalam, que eles podem ser horizontais ou verticais, assim como contíguos ou não contíguos. Chamamos, então, a atenção da criança para as peças dos pedaços dos objetos. Explicamo-lhe que, reconstituídos, esses pedaços formam os mesmos objetos que estão sobre o tabuleiro do experimentador e os juntamos sob as vistas da criança, chamando sua atenção para o fato

Capítulo IX

de que a borracha é constituída de 2 pedaços, o lápis de 3 e a régua de 4. Dizemos à criança que seus objetos estão quebrados e que se trata de reconstituí-los para que eles sejam como os do experimentador, e que para fazê-lo ela deve fazer perguntas ao experimentador.

b) *Situação 1*

Regra: «Está vendo, aqui você tem três objetos (são mostrados os pedaços reconstituídos em objetos inteiros). Eu tenho os mesmos objetos sobre o meu cartão. Você vai tentar achar onde eles estão. Você vai me mostrar uma casa por vez e eu vou dizer se você tocou ou não em algum objeto. Eu posso dar três tipos de resposta. Se você não tocar em nada, eu direi "você não tocou em nada", e nesse caso você coloca uma dessas peças (as peças brancas) sobre a casa que você me mostrou. Se você tocar em alguma coisa, eu direi "você tocou em alguma coisa", mas não direi em qual objeto você tocou, você é que tem de descobrir. Quando você toca em alguma coisa, você pode colocar uma destas peças aqui (as peças dos pedaços de objetos). Quando você tiver tocado em todos os pedaços de um objeto, eu direi "você tocou em todos os pedaços da borracha / do lápis / da régua".»

Observação: Se a criança não usar as peças brancas, deixamos que ela assim o faça. Da mesma forma, se ela preferir não colocar peças de pedaços de objetos antes de ter encontrado o objeto inteiro, deixamos que o faça.

Instruções complementares: Dizemos à criança que se ela considerar que as peças estão malcolocadas, ela tem o direito de deslocá-las.

Se, no final, quando a criança tocou em todos os pedaços dos objetos, ela não tiver reconstituído os objetos inteiros, repetimo-lhe a regra, ou seja, que ela deve encontrar os objetos inteiros. Perguntamo-lhe se ela tem uma idéia de onde se encontram os objetos e olhamos para ver se ela faz modificações ou não. Se isso não for suficiente, nós lhe indicamos novamente as casas onde ela havia encontrado o último pedaço de cada objeto, dizendo-lhe: "Aí eu tinha dito que você tinha encontrado a borracha", etc., e observamos de novo se ela faz remanejamentos ou não.

c) *Situação 2*

Regra: "Desta vez, é a mesma coisa que da última vez, só que os objetos mudaram de lugar." O experimentador repete os três tipos de respostas possíveis, assim como o uso dos pedaços.

d) *Situação 3*
Regra: «Agora, é um pouco diferente das outras vezes. Em lugar de me mostrar uma casa por vez, você vai me mostrar duas casas. Se você não tocar em nada nas duas casas, eu direi "você não tocou em nada". Se você toca em alguma coisa em uma das duas casas, eu direi "você tocou uma vez" ou "você tocou em um pedaço". Mas eu não lhe direi em qual das duas casas se encontra o pedaço do objeto, você é quem deve descobrir. Se você tocar em um pedaço em cada uma das duas casas, eu direi "você tocou duas vezes" ou "você tocou em dois pedaços". Eu não lhe direi quando você encontrou o objeto inteiro. Você é quem vai me dizer no final onde se encontram os três objetos.»
Observação: Não damos mais instruções quanto à utilização das peças brancas e das peças dos pedaços dos objetos.
Questões suplementares: Quando a criança terminou, nós lhe perguntamos se ela tem certeza da sua solução ou se há outras possibilidades. Observamos se essa pergunta leva-a a verificar o local dos objetos ou se, ao contrário, já tendo feito todas as verificações necessárias, ela se declara satisfeita com sua resposta e recusa-se a fazer qualquer verificação complementar.

e) *Situação 4*
Regra: «Desta vez é um pouco diferente das outras vezes. Você deve sempre tentar encontrar os três objetos, mas você não vai me mostrar mais uma ou duas casas ao mesmo tempo. Você vai me perguntar sobre uma linha inteira ou uma coluna inteira, e eu direi quantos pedaços há na linha ou na coluna. Eu não lhe direi quando você achou os objetos. Você é que terá de me dizer quando pensa ter encontrado os três.»
Observação: Não damos instruções quanto à utilização das peças brancas e das peças dos pedaços de objetos.
Questões suplementares: Quando a criança encontra uma solução (certa ou errada), nós lhe perguntamos se ela fez todas as suas perguntas. Se ela disser que sim, mas sua solução não corresponde à do experimentador, dizemo-lhe que seus objetos não estão colocados da mesma maneira que a do experimentador e lhe perguntamos se acha que pode encontrar a solução correta.

Fazemos passar essas quatro situações sempre na mesma ordem, ou seja: 1-2-3-4. Ocasionalmente, fazemos passar uma situação 2' (mesmo tipo da situação 2 – objetos agrupados –), quando a criança acerta a

Capítulo IX

situação 2 sem que apareça um conflito concernente à pertença dos pedaços de objetos.

Essas técnicas permitem, então, distinguir 4 níveis : I A e I B, II e III.

§ 1. O NÍVEL I A

Os sujeitos classificados em I A procuram explorar o maior número de casas (ou todas), o que lhes permite chegar a situar conjuntos descontínuos de objetos decidindo logo de início de quais se trata (B, L ou R)[1], ainda que eles não estejam inteiros, e além disso sem colocar em questão a qual dos três objetos o pedaço colocado pertence.

LAU (4; 6) tem a vantagem inicial do fato de que, para se certificar de sua compreensão da regra, nós a fizemos assistir primeiro a um jogo entre experimentadores, mas ela não tira disso nenhuma lição. Principalmente quanto à utilização das vizinhanças. Por exemplo, se as primeiras casas que tirar são 7, 15, 5, 2, 1 e 18, ela toca, pois, na 2 em "alguma coisa" que logo interpreta como um pedaço de lápis, mas ela não explora nem 3 e 4 nem 8 e 14, que confirmariam essa escolha ou mostrariam, no caso (efetivo) em que 2 e 8 são as únicas cheias, que se trataria da borracha. Da mesma forma, na casa 11 ela toca em um pedaço e decide que se trata da borracha, e como lhe perguntamos onde estaria a outra parte de B, ela designa 10, dizendo que tem certeza de estar certa. Mas, como 10 está vazia, ela diz "Ah!" (decepcionada) e depois, em vez de procurar em 12 ou em 16 (outras vizinhas), ela pula para 27. Além disso, é importante notar que em 28 trajetos efetuados por Lau, somente um é vertical (e ainda de 34 a 4, portanto simplesmente para trocar de região), 9 são horizontais e 18 oblíquos, dos quais a maior parte não serve para nada além de ir para outro lugar. Na situação II, ela quer "preencher tudo", mas sem conseguir modificar os pedaços já colocados e mal-interpretados.

---

1. B: borracha; L: lápis; R: régua.

PHI (5; 6) na situação I é um modelo de pesquisa em todos os sentidos, pois 3/4 de seus trajetos são oblíquos em relação a 1/8 de verticais e 1/8 de horizontais. Em todas as 36 casas tocadas por esses trajetos, nós só encontramos 7 vizinhanças, das quais 6 são devidas ao fato de ele começar a seguir quase passo a passo as bordas do tabuleiro. Ele nunca explora uma casa contígua às que ele tocou em um pedaço, mas passa para um outro pedaço totalmente diferente. Quando ele toca em um pedaço ao lado de um outro já atingido anteriormente, não os liga em um mesmo objeto, mas sobrepõe as partes de objetos diferentes: "Estão inteiros os seus pedaços, como os meus? – *Não, não inteiros.*" Na situação II: ele procede como Lau: preencher tudo seguindo horizontalmente cada fileira por vez, o que não exclui os erros de interpretação.

As reações curiosas do nível I A (6 sujeitos de 4 a 6 anos) correspondem, sem dúvida, ao mínimo de interdependência ou de coordenação possíveis entre as ações do sujeito, como se cada uma destas consistisse em uma unidade independente e absoluta sem relação com as precedentes nem, sobretudo, com as que deveriam se seguir. Uma vez que o pedaço é tocado, a criança decide assim imediatamente de qual objeto se trata: "Eu tenho certeza de que é o lápis", diz por exemplo Lau, que repete essa fórmula para a borracha, como se não houvesse três objetos possíveis. No entanto, o sujeito não os esquece, como demonstram, às vezes, certas expressões que poderiam levar o sujeito a começar a fazer relações, tais como "eu gostaria que o lápis estivesse aqui". Mas, para prolongar esse desejo em verdade ou falsidade, haveria um meio bem simples que desde o nível I B constituirá a seqüência lógica da ação de supor de qual objeto se trata: seria de transformar tal decisão em uma hipótese e de verificá-la pelo exame das casas vizinhas. Ora, a segunda característica surpreendente e, no entanto, geral desse nível inicial I A é que, estando o sujeito tão certo de que o pedaço tocado é um B, um L ou um R, ele não tem a idéia – que corresponderia à mais simples

Capítulo IX

das interdependências entre ações – de examinar o conteúdo das casas vizinhas da que contém um pedaço: Phi, por exemplo, nunca explora uma das casas contíguas, mas passa imediatamente para outras regiões da grelha, estranhas em relação àquela do "pedaço" encontrado. Daí a terceira característica comum a todas essas reações: o pedaço tocado tendo sido imediatamente interpretado em si mesmo sem que o sujeito se pergunte "um pedaço de quê?"; o resultado é que várias partes do mesmo objeto se encontram em lugares diferentes: ora, isso não incomoda em nada a criança, que reconhece então que os objetos "não estão inteiros", como diz Phi, mas que considera esses pedaços descontínuos como uma espécie de absolutos bastando-se a si mesmos sem a colocação em relação das partes e de seu "todo" respectivo[1].

Disso decorre uma quarta falta de relação entre ações: seria muito simples, para tornar "inteiros" os objetos, deslocar e intercambiar os pedaços descontínuos já colocados e visíveis; ora, aqui ainda, falta de interdependência entre ações possíveis, o sujeito considera a localização atribuída ao pedaço descoberto definitivo e intangível, portanto como uma propriedade absoluta a mais que se acresce aos precedentes.

Em suma, as reações deste nível inicial I A consistem em afirmações e em decisões que não levam em consideração nem as condições prévias nem as conseqüências certas. Tanto na coleta de informações quanto em suas interpretações, ainda não há portanto, a não ser do ponto de vista do observador, nenhuma interdependência ou implicações entre as ações do sujeito que não procura justificar suas afirmações, nem dar,

---

1 Ora, ao escolhermos como totalidades uma borracha, um lápis e uma régua mas não colares ou outros objetos coletivos, nós facilitamos exatamente a compreensão do caráter indissociável de suas partes.

ou buscar as razões. Naturalmente, o que lhes falta a esse respeito é o recurso ao "necessário" (a necessidade, por exemplo, de pensar nos três objetos ao mesmo tempo e principalmente nas contigüidades entre pedaços de um mesmo objeto e no "possível" (posições cambiáveis, etc.), donde o caráter massivo e intangível de cada asserção ou decisão isoladas.

§ 2. O NÍVEL I B

O nível de 6-7 anos é caracterizado por começos de interdependências entre as ações, mas eles permanecem bastante modestos, ainda que sustentando, pouco a pouco, a busca das totalidades:

BÉA (6;9) em I assinala de início as casas 26, 11, 15, 1, 24, 27 e 17, portanto 7 posições ligadas por linhas oblíquas, enquanto 1, 11 e 27 correspondem a pedaços sem que ela tenha a idéia de explorar suas respectivas vizinhanças. Mas o conjunto das oblíquas se reduz a 11 (as 6 precedentes portanto) sobre 24 trajetos, menos da metade, portanto, o que é um notável progresso sobre as reações do nível I A. Em 26, ela posiciona um pedaço de R e em 11, um B. Mas em 17 ela coloca um R (certo): "Por que você escolheu este aqui? – *Porque poderia haver um objeto que comece aqui*", o que é, portanto, uma preocupação relativa a uma totalidade. Da mesma forma, ela antecipa que o R se situará na linha 25-30 e a borracha, na coluna 3-35, o que está duplamente errado, mas demonstra novamente uma preocupação relativa aos objetos totais. Observam-se efetivamente, em seguida, explorações de vizinhança, seja nas direções horizontal ou vertical, como, por exemplo, 7-13, 8-9, 31-25, 25-26-27 e 36-30. Mas são apenas progressos parciais e subsistem inúmeras incoordenações: por exemplo, estando cheia uma casa, Béa examina apenas uma de suas vizinhas e não as 3 ou 4 possíveis. Ou, estando cheias duas vizinhas, o sujeito conclui em um B sem verificar se esses dois contíguos fazem parte de L ou de R, etc. Enfim, quando depois de seu 24º trajeto lhe dizem que ela encontrou o lápis em 25-27 enquanto

Capítulo IX

duas dessas casas eram atribuídas por Béa à régua, ela as substitui por si mesma por L. Em situação II, observam-se 7 trajetos horizontais e 2 verticais contra 8 oblíquos e belas vizinhanças em 3 termos, 22-23-24, 27-28-29 ou por pares como 19-25 (vazias) ou 30-36 (R e nada) com uma troca de pedaço de B pelos R, mas ela se nega a mudar o B (17-18 errados) contra 18-24 que seriam coretos. Em IV, há concentrações nas linhas ou nas colunas, e até sistemáticas, mas sem coordenação entre as duas.

DAN (6;9) reage como Béa, começando por múltiplos oblíquos para explorar em seguida as vizinhanças, mas incompletas. Ele se entrega também a correções: tendo colocado um pedaço de B em 2 e outro em 23, ele desloca este último para 8 e põe um L em 23: *"Então o L está aqui"* (faz dele um R). Ainda que não tendo conseguido tornar L e R inteiros, ele conclui, entretanto, *"Está bom assim* – Mas não seria melhor torná-los todos inteiros? – *Então eu posso colocá-los aqui* (linha 13-18 onde há 5 vazios). – Mas eu já tinha dito que não havia nada aí. Você quer deixar assim? – *Sim."* Na situação III, ele tira o par 27-28 e conclui de súbito que é B, como se nesta situação III não se procedesse unicamente por pares. Em seguida, ele os desloca para 19-20, põe os R em seus lugares, mas, apesar de várias correções, não consegue tornar inteiro o L: "Você pensa que é assim (sob a tela)? – *Sim, é assim."*

Vemos que o notável progresso realizado no nível I B é a busca da totalidade própria de cada um dos objetos escondidos. Ora, há aí um começo de coordenação entre ações e não entre objetos, já que estes não são modificados e o que é coordenado consiste em informações tomadas pelo sujeito e, principalmente, em interpretações que ele faz, inclusive a lembrança, conservada durante toda a exploração, do fato de haver 3 objetos a serem considerados, pelo menos um depois do outro. Mas esse progresso próprio ao nível I B ainda é apenas uma melhora metodológica visando à busca da totalidade sem atingir a finalidade em cada caso, longe disso. Por um lado, de fato, essa busca só se manifesta pouco a pouco, ou não se manifesta desde o começo: para Béa, é preciso uma série de trajetos oblíquos antes que ela pense em explorar a vizinhança, e ainda mais para Dan. Em segundo lugar, quando o sujeito não consegue reconstituir uma totalidade, como Dan no final de sua prova, ele usa casas vazias tranqüilamente, a despeito do que o pesquisador lhe faz lembrar. Ou então ainda, o que é pior, ele admite que pedaços separados são "assim" sob o próprio tabuleiro.

O segundo progresso a destacar constitui uma conseqüência (por implicação entre as ações do próprio sujeito) da busca das totalidades: é a exploração das vizinhanças. Mas aqui ainda, a melhora é apenas parcial: é uma das casas vizinhas que a criança explora e não as 3 ou 4 que seriam necessárias para uma decisão. A essa lacuna se assemelha a falta de ponderação que faz Dan (como muitos outros) em situação III: desprezando o fato de que nessa situação as casas devem ser todas exploradas por pares, ele atribui imediatamente seu primeiro par 27-28 à borracha, já que esta é o único objeto de dois elementos.

Um terceiro progresso, que deve ser assinalado e que também decorre por implicações entre ações da busca das totalidades, é a permissão que freqüentemente o sujeito se dá espontaneamente de trocar a localização de um pedaço por outro ao invés de considerar como absoluta e intangível sua primeira localização. Mas aqui ainda o progresso está longe de ser geral, e em inúmeros casos o sujeito o nega.

Se quisermos resumir em poucas palavras essas novidades próprias do nível I B, precisamos dizer, por um lado, que o sujeito consegue, mas gradualmente e sem generalização, uma melhora de seus métodos de exploração, o que o encaminha para a compreensão da necessidade de algumas de suas condições prévias. Em compensação, o que lhes falta, por outro lado, é o acesso às conseqüências necessárias, ou seja, a construção de implicações, abrindo-se para possíveis mas dedutíveis, do tipo x→ (a ou b ou c, etc.): por exemplo, se um pedaço for tocado, ele pode ser B, L ou R e será visto no conteúdo da vizinhança à esquerda *ou* à direita, *ou* em cima *ou* embaixo.

§ 3. O NÍVEL II

Esse estágio marca um progresso nítido na reconstituição dos objetos inteiros e na mobilidade dos remanejamentos, mas com todos os intermediários entre I B e II A, e entre II A e II B:

ANA (7;4) encontra aqui, desde suas jogadas 6, 8 e 9, o posicionamento exato do lápis, utilizando-se da vizinhança 26-27 e passando de 25 para 11, onde põe B, para voltar tão logo ao 26, onde ela previa a seqüência de L. Sem usar mais de 7 vizinhanças, ela parece prevê-la, voltando várias vezes às casas contíguas e às ocupadas por um pedaço, levando em conta o número de elementos por objeto. Depois, como há conflito entre R e B, ela desloca os 2 B de 11-17 para 2-8. Na situação 4, não há mais do que 4 oblíquas: a régua é encontrada desde suas tiragens 2 a 5, em 27-30, em seguida o lápis, depois da exploração de 2 vizinhanças em 22, e por fim a borracha em 24-18 (vizinhança vertical).

RIE (8;2) é um caso curioso, cujos 30 trajetos em I e os 24 em II, nos dois casos, comportam apenas 3 usos de passagem imediata à vizinhança, como se seu objetivo fosse explorar ao máximo para encontrar todas as casas ocupadas a fim de colocar dentro delas quaisquer pedaços. Mas, em seguida, ela se entrega com habilidade a todos os deslocamentos e remanejamentos necessários, dizendo seguidas vezes que "*era mais difícil* (de realizá-lo)", mas especificando que são necessários 4 contíguos para a R e 3 para o L, e buscando, para cada caso, completar o objeto inteiro no sentido vertical ou horizontal (por tentativas sucessivas antes de se decidir). Ela consegue assim o conjunto.

SOP (8;4). As mesmas reações: apenas 4 usos de vizinhanças em 36 trajetos em I, estando os pedaços localizados a título provisório: *"A régua não é muito boa";* portanto, mal-localizada. Mas ela consegue bem no final, deslocando um pedaço do lápis para fazer um inteiro *"onde há 3"*, depois B e por fim R: *"Aqui* (4 casas)". Em II, desde sua 12ª jogada até a 35ª, ela avisa sem parar que *"é preciso mudar"* e explica que a R *"ela é assim* (vertical em 5-23)".

Eis agora sujeitos que podem ser classificados em II B, porque centrados desde o começo em tal ou tal dos 3 objetos e conseguindo reconstituí-lo por uma mistura de vizinhanças e de remanejamentos que se operam durante o caminho ou desde o começo:

ROM (8;6) começa por 9 trajetos oblíquos explorando toda a periferia do tabuleiro e chegando apenas a casas vazias. Chegando em 27, ele encontra um pedaço atribuído a B, mas uma vizinhança lateral seguida de uma segunda fá-lo localizar os 3 L em 25-28 e ele retira a B para colocá-la em 23-29 depois do deslocamento de B. Em compensação, ele fracassa em IV.

ONA (9;0) não coloca um pedaço imediatamente depois de ter tocado em uma casa cheia, mas apenas depois de explorar a vizinhança para ver de qual objeto se trata. Por exemplo, tendo atingido pedaços em 25 e 26 contíguos, ela não coloca a B neles logo em seguida, mas mantém seus dedos sobre elas e constata a seguir que a 27 também está ocupada; ela conclui que talvez seja o lápis, mas ainda não coloca nada nela, temendo um erro, e guarda novamente o lugar com um dedo. Ela procura então a régua e encontra uma hipótese, mas conclui que *"ela é difícil de ser localizada"* e *"estou certa de que o L ou a R não está bem localizada"*. Ela muda então de método, explorando colunas e linhas inteiras ou quase e termina por se decidir por sua idéia inicial em relação ao L e pelas posições acertadas de R e de B. Ao total, ela fez 19 trajetos horizontais, 17 verticais e apenas 11 oblíquos. Na situação II, ela se atém então a 3 oblíquas contra 11 horizontais e 4 verticais, donde o rápido sucesso para os 3 objetos. Em III (2 casas ao mesmo tempo), ela conclui muito rapidamente, mas, com múltiplos controles, chega a 2 B, 3 L e 4 R contíguos, mas localizados de outra forma que sob o tabuleiro do pesquisador. Em IV, as incoordenações não são suplantadas.

TIN (9;3) em I dá 8 oblíquos contra apenas 4 horizontais e 5 verticais, mas sua mistura de explorações das vizinhanças e de remanejamentos a conduz rapidamente aos 3 objetos procurados cada um a parte. Em IV, em compensação, ela conclui: *"não penso que seja possível"* encontrar boas combinações.

Os níveis II A e II B têm assim, em comum, apesar de leves nuanças, um grande progresso efetivado no emprego das inferências, portanto das implicações entre ações, e isso nas duas direções de uma sistematização das explorações (acompanhadas de remanejamentos de posições) e de uma compreensão de possibilidades abertas a título de conseqüências necessárias dos acertos locais e momentaneamente parciais. Em outros termos, a combinação de exploração das vizinhanças e a da construção (por remanejamentos) de novas contigüidades, deduzidas pelo sujeito, chegam, assim, a uma metodologia já, em parte, dialética (relativização, etc.), que encontrará sua conclusão ao longo do estágio seguinte.

§ 4. O NÍVEL III

Os sujeitos deste nível superior se caracterizam pela rapidez e eficácia de suas inferências. Mas é apenas em III B que a prova IV é bem-sucedida. Eis os exemplos de III A:

JEA (10;6) consegue em I com apenas 17 tiragens, das quais 5 trajetos oblíquos, 7 horizontais e 5 verticais. Os oblíquos iniciais são destinados a encontrar as regiões importantes, das quais ele descobre rápido duas, depois as três, e das quais ele analisa, então, as contigüidades internas. Para a coluna 5 a 29, ele atribui primeiro 5-11-17 a L, mas, passando de 24 a 29, ele encontra um outro pedaço e conclui a 4 R para colocar os L em 25-27. Os B são, em seguida, localizados em 2-8. Em II e III, o mesmo sucesso rápido, mas fracasso em IV.

LOR (10;4) combina desde a 5ª jogada as vizinhanças e os remanejamentos e em II se limita rapidamente à região onde os 3 objetos estão agrupados, completando-os e remanejando-os, considerando os três ao mesmo tempo.

Eis agora exemplos do nível III B:

SCA (11;0) em I, basta-se com 16 tiragens, das quais 6 trajetos horizontais, 6 verticais e apenas 3 oblíquos, para ligar regiões importantes. Os 3 L são ligados de uma vez só por vizinhanças verticais e os 3 L da mesma forma horizontalmente. Em II, bastam-lhe 20 tiragens das quais 8 oblíquas já que os objetos estão agrupados. Em IV, ele localiza pedaços: *"Ponho isso de reserva"*; depois, remaneja-os até o sucesso para os 4 R e os 3 L.

JOS (11;10) usa um método original. Ele designa todas as casas sucessivas, linha por linha, coloca blocos brancos onde não há nada e deixa vazios os lugares onde deveriam ser colocados os pedaços. As casas não-brancas são, então, contíguas por 4, 3 e 2 unidades, donde a inferência necessária: *"Aqui tem a R, aqui o L, e aqui a B!"* Mesmo método em II e III. Quanto a IV, ele procede, primeiro, da mesma forma sobre apenas as colunas, depois se dedica às coordenações corretas.

CAT (11; 10) Em IV, há nítida coordenação das posições na horizontal e na vertical: por exemplo, as duas B são transferidas de 15-16 para 21-22, depois para 27-28 e por fim para 9-10 (certo), enquanto os 3 L, a princípio horizontais (14-16), são finalmente verticais (20-26-32: certos). Uma série de verificações são feitas por colunas, depois por linhas: *"encaixa"* ou *"não encaixa"*, e nesse caso há correções. Ela percebe que na coluna 5-35 *"não há nada: eu acho que é assim* (sob o tabuleiro: certo)". Em II, ela sai apenas com 4 casas da região onde B, L e R estão agrupados e organiza; em seguida, reorganiza tudo rapidamente.

MOR (12; 1) procede em dois tempos em IV: primeiro, todas as linhas e coloca a B em seguida a R, mas com erros, depois passa para as colunas e faz, então, os remanejamentos necessários.

Capítulo IX 173

O que é próprio dessas reações do nível III é, primeiro, fazer-se desde o começo um programa: procurar as regiões importantes antes de explorar o detalhe das vizinhanças (Jea, Sca, etc.) ou combinar desde o começo as contigüidades e os remanejamentos (Lor, etc.). Ou ainda encher de blocos brancos todas as casas vazias, para preencher somente depois, mas com segurança, as que devem receber os três objetos. Salvo no último caso, uma segunda característica a ser notada é a rapidez das soluções: 17 jogadas apenas para Jea e 16 para Sca. O que chama a atenção, em seguida, é a interdependência, de imediato considerada necessária, entre todas as informações, assim como sua coordenação em situação IV, não atingida antes do nível III B. De modo geral, a novidade do nível III é o caráter inferencial de todos os procedimentos, inclusive nas invenções: quando alguns tateamentos subsistem, eles constituem hipóteses a serem controladas e não mais explorações aleatórias.

§ 5. CONCLUSÕES

Dos níveis I A ao III B, assistiu-se a um progresso contínuo das implicações entre ações, em outras palavras, entre as significações que lhes são atribuídas e que se tornam cada vez mais interdependentes. Mesmo nos casos em que os pedaços de objetos permanecem isolados em I A e reunidos na totalidade desde o nível I B, não se trata de interdependência entre os objetos em si, já que estes não são materialmente modificados: o que é modificado é a idéia de que partes de objetos possam permanecer separadas sob o tabuleiro, enquanto já em I B essa interpretação parece impossível ou mesmo absurda. Desta implicação (1) "partes → totalidades", deduz-se logo, então, a necessidade (2) "totalidade → contigüidades", donde um começo de exploração das vizinhanças. Mas esta

174 As formas elementares da dialética

segunda implicação permanece incompleta em I B e freqüentemente em II A, tanto que ela não atinge seu fim, o que é, portanto, mais tardio, na composição (3) "pedaços → contigüidade à esquerda *ou* à direita *ou* em cima *ou* embaixo", portanto (4) "contigüidade → 4 (ou 3) possibilidades", enquanto, durante muito tempo, o sujeito só considera uma e passa para outro lugar se não for a certa. Duas outras implicações se impõem ao caso quando uma casa vizinha contém um outro pedaço, e quando é preciso, então, que as partes vizinhas pertençam ao mesmo objeto: (5) "dois pedaços contíguos → mesmo objeto", donde, se eles estiverem separados nas localizações iniciais da criança: (6) "mesmo objeto → necessidade de um remanejamento das posições". Ora, essas implicações (5) e (6) que se impõem pouco a pouco entre os níveis I B e II B só se generalizam no nível III, porque estão subordinadas à implicação (4), isto é, à consideração de todos os possíveis. Ora, essa simultaneidade exige naturalmente um método puramente inferencial que permita considerar as posições respectivas dos três objetos *ao mesmo tempo* e não mais sucessivamente como no nível II: é, portanto, apenas no nível III, no qual o pensamento hipotético-dedutivo permite proceder por hipóteses simultâneas e verificações sucessivas, que as implicações (4) a (6) adquirem suas generalizações.

A dialética em jogo neste capítulo é, portanto, de um tipo bastante especial enquanto construção de interdependências entre possibilidades antes de saber quais se atualizam. Por outro lado, os possíveis para um mesmo objeto sendo incompatíveis entre eles e podendo sê-lo com os de um outro, só uma síntese dessas atualizações permite superar esses conflitos virtuais. Os instrumentos dessas superações são, então, constituídos pelas implicações 1-3 e 5-6. Mas, com a

Capítulo IX

implicação 4, acrescenta-se aí uma superação dos próprios instrumentos; em outras palavras, um jogo de implicações de graus superiores ou de implicações entre implicações. Por fim, está claro que o conjunto de processos comporta uma relativização progressiva que conduz das decisões imediatas e sem motivos do nível I A às hipóteses consideradas como tal do nível III, que permanecem em suspenso até o momento em que as suficientes verificações permitem reter as boas.

CAPÍTULO X

DIALÉTICA E PERSPECTIVAS

com A. Ritter

A coordenação das perspectivas levanta três tipos de conflitos que só podem ser superados por sínteses dialéticas. O primeiro se refere à dualidade entre a identidade do objeto, concebida como permanente, e a multiplicidade de suas formas observáveis, em função das mudanças de ponto de vista, o que lembra uma proposição de Hegel, que considera

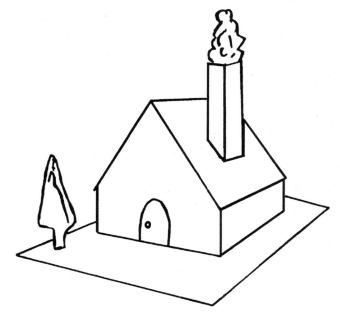

a identidade uma "diferença idêntica a si mesma". O segundo se refere à necessária passagem do absoluto ao relativo, nenhuma perspectiva podendo ser privilegiada e todas permanecendo relativas à posição do observador. Donde a terceira dificuldade, que é de religar as percepções atuais a antecipações, ou mais geralmente de realizar uma síntese entre as diferenciações e a integração em um agrupamento que assegure a existência para um novo todo invariável, mas de natureza transformacional e não mais estática, como o era a identidade inicial do objeto concebido como aquele que tem de conservar uma forma aparente constante.

Temos estudado desde há muito tempo esse problema das perspectivas, mas era preciso retomá-lo do ponto de vista da dialética. Para fazê-lo, usamos, por um lado, nossas antigas técnicas: fazer antecipar (mas por meio de desenhos do próprio sujeito) como é visto, em diferentes perspectivas, um conjunto de três objetos (aqui, uma casa munida de uma chaminé sobre um dos lados de seu telhado e complementada por uma árvore situada de um outro lado). Mas, por outro lado, nós lhe acrescentamos um novo procedimento: apresentar à criança um grande cubo sobre os lados e em cima do qual a criança será convidada a colar 4 ou 5 desenhos que escolherá entre 20 preparados com antecedência, de maneira a reproduzir a casa modelo. Esses desenhos compreendem 2 imagens de cada uma das 4 fachadas, 4 imagens de viés, 2 imagens do telhado (visto de avião) e 6 imagens compreendendo um erro.

Pudemos, assim, distinguir 4 níveis.

§ 1. OS NÍVEIS I A E I B

No nível I A (4-5 anos), não há ainda nenhum esboço de perspectiva:

FRÉ (4;7) desenha em A a casa vista de frente[1] com a chaminé à direita. Para o experimentador em B, o mesmo desenho com chaminé do mesmo lado direito (e, como nos sujeitos novos, perpendicular ao telhado e não na vertical). Com o experimentador em D, Fré diz: "*eu desenho aqui*" tocando com seu lápis o lado D, mas o desenho fica o mesmo que em A. Quando a própria criança passa para B, ele refaz o desenho A, sem olhar mais para a casa como se fosse natural que ela continuasse como no começo. Quanto à prova do cubo, ele coloca 2 desenhos A, 2 C e 1 D em quaisquer posições, e diz de cada um: "*Isso é uma casa.* – A mesma? – *Não, outra.* – Você tem certeza? – *Sim, é diferente, é outra casa.*"

Resumindo, os sujeitos desse nível ou não consideram de maneira alguma as diferenças de perspectiva se se trata de uma mesma casa vista de posições diferentes do observador (ou do próprio sujeito), ou então, constatando as diferenças entre os desenhos A-D que representam a mesma casa, vêm neles representações de casas distintas.

No nível I B, o sujeito sabe que a aparência da casa muda com a posição do observador, mas se trata ainda de poucas relações projetivas componíveis entre si, salvo, às vezes, frente ⇄ trás, as modificações que se referem, em geral, somente a detalhes não relacionados entre si:

AKY (6;4), depois de ter dado a volta na casa olhando-a atentamente nas 4 posições, desenha-a primeiro em A começando pelo telhado, depois as paredes, etc. O experimentador passa para B e Aky desenha uma parede retangular, depois acrescenta-lhe um telhado com lados oblíquos como em A, enquanto em B só se vêem retos, depois um pequeno quadrado que representa uma das outras fachadas (invisível tanto em B como em A). Visto de C, o percurso está correto como em A, mas a chaminé continua à direita, o único progresso é que não se vê mais a porta. Quanto ao pinheiro (em parte encoberto em C): "*Você não pode vê-lo porque está olhando daqui.*" (C). Em D, a casa é como em A com a chaminé

---

1 A = vista de frente (com a porta); B = vista da direita; C = por detrás; e D = vista da esquerda.

ficando à direita e a árvore à esquerda. A própria criança passa para a posição C e desenha o que ela vê, com posição correta da chaminé à esquerda. É-lhe feito então comparar esse desenho com aquele que ela antecipou quando o adulto estava em C: ela vê, de imediato, que "*a chaminé estava ali* (à direita) *e aqui* (seu desenho em C) *ela está lá* (à esquerda). – E quando você estava aqui (em A)?" – (Ele olha os desenhos e a casa, vira-se no lugar, fecha os olhos e diz: "*Eu a vi à esquerda* (ele chama de "esquerda" a direita e manterá esse vocabulário errado em tudo que se segue). – E agora, você a vê onde? – *À esquerda!* (quer dizer à direita). *Ela está sempre à esquerda* (em todas as posições). – Ele gira sobre si mesmo parando freqüentemente e repetindo *esquerda! esquerda! esquerda! Ela fica sempre à esquerda!* – Então vá ali (em A) e diga-me. – *Aqui ela está à direita.* – Pode mudar, então? – *É quando a gente se vira* (ele gira) *que muda.*" Ela fracassa na prova 3 (colar sobre os lados), mas distingue a frente da casa e o outro lado "*porque atrás é completamente marrom* (certo)". Quanto à chaminé "*ela é sempre vista assim* (virando a casa, mas virando-se ele mesmo junto com ela!). *A chaminé está sempre à esquerda, isso não pode mudar!*"

XAV (6;7) depois do passeio em volta da casa, desenha A com erro, rapidamente corrigido, do pinheiro, que ele primeiro põe à direita. Para o experimentador em D, ele põe a chaminé à direita e o pinheiro à esquerda, como em A. Visto de C, o pinheiro fica à esquerda e a chaminé à direita. Ele desenha em seguida D e C, tendo-se localizado ele mesmo em suas posições e constata que seus desenhos não coincidem com os precedentes: donde "*aqui* (C) *eu fiz errado.* – Por quê? – *Não sei".* Ele consegue então colar verso com verso os dois desenhos: "*Agora está certo: a chaminé está aqui e aqui, no mesmo lugar.* – E por que não os mesmos desenhos? – *Porque eles estão virados.*" Na prova 3 (cubo), ele coloca 3 vezes seguidas os A em C como em A, como se a frente e o verso fossem idênticos. Volta-se à prova 2, o experimentador em A e a criança em C. "Desenhe como eu vejo a casa": ele desenha então o que ele mesmo vê de C e não o contrário, apesar de ter conhecido A muito bem!

ISA (6;5) atribui uma posição absoluta não mais à chaminé, mas à árvore, que ela deixa à esquerda em C e D, como em A. Em compensação, ela diferencia a frente e o verso, mas representando-os num mesmo desenho composto para C, onde se vê a porta na frente e não mais na metade esquerda do desenho, que representa o verso. Em 3, ela coloca primeiro

Capítulo X 181

alguns A atrás assim como na frente, depois os diferencia *"Porque na frente da casa há a porta"* e em D *"a chaminé deve estar atrás da casa"*.

O postulado de partida desses sujeitos é que o objeto, permanecendo idêntico a si mesmo, sem nenhuma transformação, deve ser percebido da mesma maneira, sejam quais forem os pontos de vista. Quando constata que não é o caso, ele só tem duas explicações. Uma é que os desenhos podem estar "errados" ou que eles estão "virados" (Xav) e a outra é que se o sujeito "se vira", portanto gira sobre si mesmo, aí então "muda" (Aky). Em outras palavras, ainda não se trata absolutamente de relações sujeito X objeto, modificáveis e componíveis entre si, mas de acidentes a serem evitados, já que as posições internas ao próprio objeto "isso não pode mudar" (Aky). Somente as relações frente-verso começam a ser compreendidas (Isa), mas nada ainda das relações esquerda-direita. Do ponto de vista dialético, este nível carece quase totalmente de relativização e de um sistema transformacional, permanecendo o objeto estático em sua identidade permanente, sem sínteses ainda entre as diferenciações e a integração. No que se refere a esta última, observa-se uma espécie de pré-configuração na síntese curiosa do desenho composto imaginado por Isa, do qual uma parte (oblíqua e apertada à esquerda) representa a frente da casa, com sua porta e a árvore, e a outra, a parte de trás, tal como é visto em C.

§ 2. OS NÍVEIS II E III

O estágio II (de 7 a 10-11 anos) é o da dialetização progressiva das perspectivas. Eis alguns exemplos, começando por casos intermediários entre I B e II:

FRA (7;2) desenha A, em seguida, para o experimentador em B, nega que ele possa ver o pinheiro (o que é parcialmente verdade). Em C, "*Você olha assim* (↓) *e não pode vê-lo*". Em 3 (cubo), ele coloca de imediato um C (com ligeira inexatidão do outro lado do A), um D/C em C e um D à esquerda, mas corrige, em seguida, erradamente entre C e D "*porque deve ser assim*". Em outras palavras, apesar de seus erros, ele raciocina já em função das posições do observador.

RAP (7;3) ao mesmo tempo que se engana em D, anuncia que seu desenho não será o mesmo que em B: "*Não, é diferente* – Por quê? – *Porque você estava lá* (em D).

PAT (7;9) desenha em C a chaminé à esquerda (correto). "E lá? – *À direita* – Por quê? – *Você estava do outro lado.*" Ela se engana, entretanto, sobre a posição do pinheiro, que coloca à esquerda em D, assim como em A, mas em 3 (cubo), ela coloca muito rapidamente A, B, C e D em posições corretas, mais o telhado!

ALI (8;2) põe erroneamente a chaminé à direita em C, depois, na cópia, corrige-a para a esquerda. "Por que você a colocou à direita? – *Eu estava ao contrário* (de C, portanto em A). *Eu estava do outro lado e a vi à direita.*" Em relação ao cubo, ele começa com vários erros, que corrige, dizendo "*isso deve estar ao contrário*" e chega às 4 posições corretas, dizendo, dentre outras coisas: "*a chaminé e a árvore não estão do mesmo lado*", com inversão dos dois em caso de mudança de ponto de vista.

NAT (8;1) coloca por engano a chaminé à direita em C, depois, quando da correção, diz: "*É porque você estava no sentido inverso ao meu, porque o senhor estava na minha frente e a via no outro sentido.*" Cubo: certo, depois de correções.

VER (8;3). O mesmo erro, e depois: "*Porque quando estamos desse lado, vemos desse lado; e quando estamos do outro lado, vemos daquele lado.*" No entanto, fracasso com o cubo.

SOP (8;6). O mesmo erro em C, em seguida, depois de ter ido até lá: "*Quando estamos virados* (em volta da casa), *vemo-la no outro sentido.*" Cubo conseguido de imediato.

FAB (9;0). O mesmo erro em C, mas dizendo: "*Não acho que esteja certo. Não estou seguro.*" Em D : "*Não estou certo se vemos o pinheiro ou não*", mas a chaminé está correta.: "*Só vemos um pedacinho dela.*" Cubo conseguido de imediato.

CAR (9;6) acerta a antecipação de D: a árvore à direita e a chaminé atrás; depois, erro habitual em C, e diz: "*Se eu estou aqui* (A), *ela é vista assim.*" Acerto imediato do cubo.

O progresso evidente dessas reações em relação àquelas de I B é que as diferentes tomadas de vista sobre o objeto dependem da posição do observador sem contradição entre as relações internas do objeto, que permanecem constantes, e o que se pode perceber em posições variáveis. Mas mesmo o sujeito explicando, em caso de erro, o que ele deveria ter feito e por que ele ainda não consegue antecipar inferencialmente essas transformações, mesmo (e principalmente) quando a perspectiva em C é o inverso daquela do começo (em A).

É apenas com o nível II (10-11 anos) que as inferências são suficientes para a antecipação correta:

YVE (10;2) depois de cópia em A, desenha o B com a árvore (muito visível) à esquerda e a chaminé no meio (depois de algumas hesitações). Com o experimentador em D, Yve diz primeiro: "*É a mesma coisa*" depois "*não, não, não é mesma coisa por causa da chaminé e do pinheiro*" e ele põe a árvore à direita e a chaminé para trás (certo). Em C, ele hesita durante bastante tempo, mas acerta. O cubo está, de pronto, correto.

TON (11;5): em B (com árvore invisível) "*a boneca* (da qual nos servíamos no começo) *não vê a árvore.* – Por quê? – *Ela está muito de lado*". C e D estão certos: "Mas a chaminé muda de lugar? – *Sim, é claro: não tem nenhum problema.*" Com o cubo, ele coloca B à esquerda, mas para C e D ele põe primeiro os desenhos C e D contendo pequenas deformações, depois os substitui pelos C e D inteiramente corretos.

XAN (12;6), depois de hesitações e às vezes longas reflexões, dá as antecipações corretas para B, D depois C: "*porque quando se muda de lugar, isso muda.*" O cubo é conseguido com alguns erros imediatamente corrigidos.

OUC (12;1) resume a situação dizendo: "*É a mesma coisa, na verdade, a mesma casa, mas quando se vai para lá, muda: não é igual porque não é o mesmo lado.*"

Vê-se que os três problemas dialéticos assinalados no começo deste capítulo são resolvidos no nível III: (1) Não há mais contradição entre a identidade do objeto em suas relações internas e a multiplicidade de perspectivas, ao contrário do que diziam os sujeitos em I B (por exemplo, Aky: "A chaminé está sempre à esquerda, não pode mudar."). (2) A multiplicidade das perspectivas é relativizada enquanto ligada às posições do observador, como diz Xan: "Quando se muda de lugar, isso muda", o que é reforçado pela afirmação de Ton: "É claro, não tem nenhum problema." (3) Essa diferenciação das relações projetivas é correlata com sua integração, mas em um sistema total de transformações dedutíveis e não mais em uma identidade estática, como eram as relações internas do objeto.

CAPÍTULO XI

A DIALÉTICA DIANTE DAS RELAÇÕES INCOMPREENSÍVEIS

com S. Dionnet e M. Zinder

Pareceu-nos interessante terminar essas análises pela das reações a um dispositivo de aparência simples, mas do qual nenhum adulto não-físico entende o mecanismo. Tratase de um brinquedo chamado o "pássaro bebedor", que representa uma espécie de ave pernalta sobre patas e de pescoço comprido que ora se abaixa e mergulha seu bico em um copo d'água (sem, de fato, absorvê-la) e ora se retesa, a água passando por sua "barriga" depois de vários balanceios do pescoço. Essas duas fases do processo se sucedem automatica e indefinidamente, sem que se tenha de interferir, a não ser para pô-lo em movimento. O interesse dessas fases é quando o líquido circula ora num sentido (subida) ora no sentido oposto, o que supõe dois subsistemas antagônicos, cuja dialetização comportaria a síntese. Permanecendo esta impossível (sem a consideração de leves mudanças nãoperceptíveis de temperatura e de vaporização), pode ser instrutivo pesquisar como os sujeitos de diversos níveis interpretarão as contradições e os ciclos aparentes.

§ 1. O NÍVEL 1

Os sujeitos deste nível inicial se caracterizam pela busca de um fator único que dê conta sucessivamente das subidas e das descidas, esse fator ao mesmo tempo causal e teleonômico se reduz, no fim, aos poderes atribuídos à própria água:

EUS (6;11) dá longas explicações de detalhes, mas cujas três articulações essenciais são as seguintes: (1) Depois de ter achado que "*é automático*", ele rejeita essa expressão a favor de uma fórmula mais sintética: "*Entendi o truque: há alguma coisa que o faz descer e subir.*" (2) Quanto a saber o porquê, "*ele sobe de novo, é porque senão a água não desce*". Em outras palavras, "*ele coloca água em sua cabeça e a devolve para o copo*". (3) Donde a explicação geral: "*Ah, agora eu achei: talvez seja a água que faça mexer.*" Ele se pergunta, no entanto, se sem água ele também se mexeria, mas responde que "*vai parar quando não houver mais água no copo ou quando aqui* (a barriga) *estiver cheia*". Mas antes de chegar aí, ele supôs, sem se deter nisso, que o "*truque que faz descer e subir*" poderia ser "*aqui, onde está preso*" (a haste metálica horizontal) ou ainda "*alguma coisa na cabeça*".

BER (6;7) "*É porque o pato balança: então ele bica no copo e depois balança de novo e... bica de novo no copo*. – O que é que o faz se levantar de novo? – *É a água: ela entra no bico que entra na água e depois ela puxa o pingüim* (acima, ele disse "pato"), *portanto o retesa*. – É a água que está embaixo que puxa o pingüim para trás porque ele bebeu? – *Sim* – Você pode explicar? – *porque tem muita água: é a água então que faz isso* (subir). – Onde tem muita água? – *Aqui* (corpo). – E o que é que o faz se abaixar? – *Eu já disse: é porque ele se balança. É porque tem água que entra aqui* (cabeça) *e lhe permite descer de novo e ir para baixo, e quando tem muita água o bico vai para dentro do copo.*" Aqui (copo) a água é branca e aqui (corpo) ela é azul? – *Sim. Talvez a água que volta se torne azul e vai na água que está no copo e tem a outra água que vem de dentro*. – Quando é que ela dá água para o copo e quando ela pega água do copo? – *Ué! As duas ao mesmo tempo!*" Quanto a saber o porquê, ele continua, é que "*a água é leve*. – Qual? – *A água do copo e até a água do pato: se é leve* (= móvel) *não pára*". Mas "*há*

Capítulo XI

menos água do corpo que entra para o copo e mais água do copo que entra para o corpo. – Então? – *Não fará mais o pato subir.* – Por quê? – *Porque o pato começa a se abaixar e se balançar.* – Mas quando ele se abaixa, ele se levanta mesmo assim? – *Não sobe, desce, apenas a água do copo* (que entrou no corpo e que sai de novo) *não pode ser vista quando ela desce".* Esse balanço, portanto, ora é causa de descida, ora de subida, pois *"quando ele volta da água ele balança e depois ele recomeça"*, o balanço sendo aqui causado pela água que sobe antes de ser fator de descida (ou, como ele dizia acima "as duas ao mesmo tempo...").

SON (7;0): *"É a água que está dentro do pato e que o faz balançar"* e *"ela desce ao reservatório* (o corpo)", depois sobe de novo para a cabeça *"porque balança"*, depois *"ela pára* (na cabeça)" depois ele cai de novo *"porque tem água que sai assim e é a água que o faz cair".* Pedimo-lhe um resumo: *"Ele molha seu bico no copo e entra água nele* (e o faz subir) *e depois ele molha mais uma vez e tem a água do copo que o faz voltar para trás.* – A água que entra dentro do pato fica lá? – *Ela não fica lá: quando o pato desce, tem água que desce também. Quando se esquece de apagá-lo* (= fazê-lo parar), *ele funciona sem parar.* – Como se faz para fazê-lo parar? – *Seria preciso tirar a água do pato porque é a água que o faz balançar.* – E se tirar a água do copo? – *Ele também pararia de balançar."*

COR (6;6) feito no fim da transição com o nível II. *"É uma cegonha que se abaixa para beber.* – Agora ela se balança? – *Sim, ela vai se abaixar* – E depois? – *Ela engole, depois recomeça." "Ela engole e então a água sobe". "Depois ela desce de novo "porque a água vem um pouco assim, inclinada, a água que está dentro* (a cegonha) *pois bem! ela vem assim para fazê-la abaixar... e em seguida, depois da água que a fez inclinar-se, ela sobe de novo e depois recomeça tudo de novo.* – O que é que a faz subir? – *É quando ela se abaixa, faz-se então um pouco como uma ladeira, então toda a água volta.* – Mas por que ela sobe? – *Para fazê-la abaixar.* – E por que ela balança? – *porque quando ela volta para trás, isso balança um pouco.* – Subir a faz balançar? – *Sim.* – E vai sair de volta? – *Sim, quando ela estiver cheia.* – E por que ela sobe? – *quando ela balança, ela se inclina e a água volta um pouco.* – Balançar faz subir? – *Sim.* – E você me disse que ela balança? – *Sim, porque ela sobe de novo.* – E como explicar que a água sobe? – *É a água! é a água que a faz voltar para trás*. – E se a tirarmos, vai funcionar? – *Não, porque é a água que faz peso* (= passagem ao nível III). – É importante que a água faça peso? – *Sim, porque assim ela a faz se abaixar*".

Multiplicamos esses exemplos, uma vez que são instrutivos sobre o estado inicial de circularidade pré-dialética em que sobram as contradições não-superadas, os círculos viciosos e as pseudodependências. Quando Eus fala de "alguma coisa que faz descer e subir", de uma subida que é necessária para a descida ulterior e de um duplo movimento de absorção e de rejeição, seriam essas fórmulas aceitáveis se se tratassem de dois subsistemas dos quais se pudesse especificar as interações, mas isso remete à busca de uma causa única que produz à vontade um efeito *E* e seu contrário *não-E*, e Eus pensa tê-lo encontrado invocando "a água que faz mexer". Com Ber, esboça-se um progresso pelo menos virtual que é o apelo à quantidade de água: quando há mais água entrando no pato, isso o faz subir e essa água acumulada "lhe permite descer" e devolver essa água para o copo. Mas, ao invés de se ater a isso ou de buscar esclarecer essa interação, como será o caso com as variações de peso invocados no nível II, Ber a complica por duas afirmações que a trazem de volta à busca de uma causa única. Por um lado, a absorção da água do copo e a devolução se dão "os dois ao mesmo tempo" e, por outro, "não se vê a água quando ela desce", apesar de que, de azul no corpo, ela deixa de sê-lo no copo. A causa única, então, deve ser buscada no balanço ora ligado à descida ora à subida, e a continuidade do processo se deve definitivamente ao fato de a água ser "leve", isto é, móvel, e engajando-se assim tanto em um dos dois sentidos como no outro. É o que Son esclarece ainda mais explicitamente: "é a água que tem dentro do pato e o faz balançar" depois desce para o corpo, de onde ela sobe para a cabeça "porque ela balança". Portanto, a

Capítulo XI

água e o balanço são suficientes para explicar os movimentos opostos. Da mesma forma, Cor reduz tudo aos poderes da água e, nos detalhes das implicações, chega a belos círculos viciosos e a contradições. Exemplo dos primeiros: o balanço o faz inclinar e essas inclinações servem tanto para fazer a água subir como para acarretar sua descida. Ou ainda: a água sobe para fazê-lo abaixar e "voltar para trás". Mas, atingido esse ponto, Cor procura dissolver a contradição, fazendo apelo ao peso, e passa assim para o nível II.

§ 2. O NÍVEL II

Neste nível, os sujeitos buscam explicar por uma única causa as interações entre dois subsistemas de orientações opostas, podendo conduzir apenas a círculos pré-dialéticos. Há progressos quando essa causa se torna a sede de variações explicáveis, como o entende no final Cor, ao invocar o peso da água que efetivamente varia com sua quantidade. Essa é a aquisição própria no nível II, mas que naturalmente não exclui a formulação de novos círculos e contradições:

MYR (7;10) : "*A cegonha bebe porque isso* (o pescoço) *se enche.* – Por que ela coloca o bico na água? – *Porque é mais pesado desse lado* (cabeça). – E por que sobe de novo? – *Porque a água desce de novo.* – Uma hora pára? – *Porque é o mesmo peso dos dois lados*." "*Sobe quando ela balança, então sobe... Não, não é isso. Eu vi que subia* (ainda) *e que o pássaro quase não balançava mais.* – Então? – *Tem um truque: aqui* (haste horizontal), *ele faria a água subir*" depois ela desiste. A volta ocorre "*porque o líquido desce de novo e tem mais peso aqui* (corpo)".
"*Tem alguma coisinha na cabeça, um pouco assim* (o pássaro inteiro) *e quando o pássaro vem para esse lado, a coisa vem deste lado* (sentido inverso): *aconteceria a mesma coisa quando todo o peso vai para um lado, então isso volta*" depois o contrário. Ela descobre então que a água do copo "*molha o bico, mas não entra dentro dele*" e conclui que sua "coisa" serve para inverter: "*Não sei, mas está errado.*"

CLA (7;11): "*Tem água dentro e isso faz peso, que o faz balançar.* – Tem uma hora que ele quase não balança mais? – *Porque a água pára de mexer dentro do pescoço* (cf. nível I). – Depois ele desce? – *É que a água sobe para a cabeça.* – E depois? – *Ele começa a descer* (para o copo) *porque faz peso.* – E volta para trás? – *Porque ela* (a água) *desce de novo, porque faz mais peso ainda.* – Por que a água desce de novo? – *porque ele balança para trás, quando abaixa para ir beber.* – Por que ele se abaixa? – *Porque a água sobe... ela entra no bico e vai para o corpo: ela desce.* – E ela vai sair de volta? – *Ela fica.* – Como você poderia verificar isso? – *Não sei. Eu veria que ela escorre por aqui* (do bico) *para o corpo.* – Por que ela é azul? – *Talvez ela descolorize na cabeça.* – E de tanto beber? – *Ele a faz sair de volta quando se inclina e depois ele a retoma..* – E por que ele balança? – *Faz peso na cabeça: ele balança porque a água está subindo.* – Como? – *É um tubinho* (o pescoço), *ele é muito comprido, então ela escorre e não desce.*"

NAT (8;10): "*Quando faz peso, mexe. É graças a isso que o pássaro balança: quando ele bebe, faz peso, então ele pode virar para trás. A água entra e depois volta para o copo porque está sempre no mesmo nível: ele toma e devolve, então não vemos a diferença. Quando ele bebe, pende para trás: isso faz peso atrás de novo, quando o pássaro se levanta de novo, é graças a isso que a água vai voltar de onde veio* (a barriga). *É muito simples, eu posso ter provas: a água sobe pelo tubo e depois ela volta.*" Ele pára: "*quando há muito peso embaixo.* – Mas segundo você a água sai do bico? – *não, ela não sai; a água do copo não serve para nada* = *é a água* (interior) *que joga... que dá peso atrás e isso permite que balance*".

PAT (8;6): As mesmas reações iniciais, mas com variações de peso: "*Ele pára porque é muito pesado e tem líquido.* – O que é muito pesado? – *Isso* (o bico): *ele pára pouco a pouco e começa a ficar pesado,* (então) *ele se deixa balançar e aí funciona.* – Por quê? – *Porque a água sobe e a partir do momento em que subiu ela desce... É a água, com certeza: você a colocou rápido.*"

DEN (8;6): "*O líquido o faz inclinar porque ele é mais pesado do que o pato, então o pato abaixa automaticamente.* – Por quê? – *Porque o bico é muito leve: faz o pato subir de novo... o líquido sobe para a cabeça e*

Capítulo XI 191

é aí que ela faz descer e depois o bico é tocado e então o bico faz subir de novo."

IAM (9;8): "*O líquido sobe até a cabeça, porque é pesado na cabeça (e não é pesado porque o líquido subiu a ela!). – E depois? – Abaixa (porque) a água volta: a cabeça é mais leve e isso faz subir de volta. – Como? – De tanto se balançar, faz a água subir. – E agora ele não está mais se balançando? – Porque está ficando mais pesado, então depois ele desce. – Mas por que ele balança? – Quando ele abaixa e sobe, fica mais rápido, então faz com que suba. – O copo é importante? – Não, mas não consigo saber, senão a água do copo seria azul.*"

PIE (9;8): "*Quando a haste desce, isso o faz subir de novo. – Por quê? – Porque não há mais peso no corpo (mas) o bico, quando está molhado, é mais pesado do que a cabeça, e isso o faz se abaixar para frente: é o líquido mais o bico que jogam para fazer pender a cabeça.*" De maneira geral, "*quando isso balança, é mais leve, e quando pára, é mais pesado*".

Quando esses sujeitos supõem que um aumento de peso de um lado produz uma inclinação que carrega a água, ou que há parada em caso de igualdade de peso dos dois lados (Myr) ou acumulação do peso para baixo (Nat), o peso não é mais uma causa única no sentido da "água" do nível I que faz, ao mesmo tempo, "descer e subir" (Eus) e até "os dois ao mesmo tempo" (Ber) e que é, portanto, dotada de todos os poderes em todas as situações: mas ações do peso, variando com suas quantidades e suas posições, há começo de interações diferenciadas entre os dois subsistemas da cabeça e do corpo, agindo cada um por vez e não mais simples fusão pré-dialética dos contrários que se trataria de coordenar sem confundi-los.

Mas se essa síntese se anuncia a título de intenção, ela ainda está longe de atingir seu fim, e, em vários casos, o peso só intervém a título de força da água, o que acarreta novos círculos viciosos e novas contradições. Quando Iam diz que "o líquido sobe até a cabeça porque na cabeça é pesado", em vez de atribuir seu peso ao fato de a água ter-se acumulado nela, e principalmente quando ele acrescenta que "a cabeça é mais leve e isso faz subir de novo", há não somente contradição entre essas asserções, mas também, no caso da primeira, manifestação de uma tendência freqüente a tornar o peso uma força de atração e não uma pressão ou empuxo que modifica a inclinação. Da mesma maneira, quando Nat diz que o peso faz "mexer" e balançar e quando Pat vê o bico parar pouco a pouco e "começar a ficar pesado", o pato "se deixando então balançar", não há mais nenhuma diferença entre o peso que se tornou causa para tudo fazer e a "água" do nível I (o que, aliás, Pat retoma quando conclui: "é a água, com certeza: você a colocou rápido").

Resumindo, apesar de seus progressos em relação ao nível I, o segundo patamar permanece lacunar, no que as implicações em jogo se bastam a ligar os sucessivos observáveis: o fato a explicar é que, sendo a alternância dos movimentos opostos, aquilo era até aqui o motor, não sendo senão a água e seus poderes, torna-se o peso, mas enquanto, na maior parte do tempo, simples fator de direção, seja por atração, seja por pressão.

§ 3. O NÍVEL III

Por volta de 11-12 anos, observam-se novas reações. Sem atingir, naturalmente, a explicação do fenômeno, graças a sua complexidade, os sujeitos de 11-12 anos evitam as contradições e os círculos viciosos, e procuram as interdependências entre os subsistemas, aumentando o número dos fatores e entregando-se a verificações ao mesmo tempo em que especificam o que não entendem:

Capítulo XI

TIN (10;6), com um pássaro não transparente: "*ele bomba água do copo, ela desce pelo pescoço e então fica mais pesado nos reservatórios* (a barriga). – Por que ele se inclina em certo momento? – *É o que eu me pergunto: quando a água chega a um certo ponto, há um basculamento.*" "*Ele bomba e devolve: haveria 2 tubinhos* (na cabeça): *um para tomar água e outro para fazê-la sair. Quando a água chega aí, há equivalência* (de peso), *ele pára e bascula um pouco.* – Por quê? – *É o que eu me pergunto.*" Passamos para o pato transparente: "*Ah! só tem um tubo! Como é possível que ele não encha? A água vem do bombeamento, mas por que ela é azul e esta não* (copo)? *Quer dizer que ele não bomba.* – Então, como ele faz? – *Tem o líquido que volta para trás porque há o basculamento: isso o faz se inclinar.* – O que o faz subir de novo? – *Há um pouco de ar que entra; olha: quando o tubo está cheio, faz bolhas por causa do ar.* – Então, é o ar? – *É, mas tem o calor que atua também.*"

SAB (11;1): "*Quando ele bascula, a água sobe, e quanto mais ela sobe mais o peso se torna pesado, então ele bascula para baixo*". Depois, "*o peso está embaixo e ele desce de novo*". Ele acrescenta "*o impulso*" e o papel da barra horizontal que "*segura*" mas não é mais fator do movimento, como às vezes em casos intermediários. Sab pensa primeiro que "*a água se esvazia*" (ou até "*evapora*") e daí ele volta a seu lugar, mas ele rejeita em seguida essas hipóteses porque "*se ele toma água, o nível subiria muito e ele não poderia continuar sua função, e se ele perde água, ela sairia pelo buraco e não haveria o suficiente desta vez*". Em outras palavras, "*é fechado e funciona com ou sem o copo*".

BAR (11;11): "*De tanto se balançar, o líquido sobe a cada vez, e quando ele está bastante alto, faz peso e faz descer de novo.*" Mas isso não basta: "*Tem ar que empurra a água, alguma coisa assim, e é preciso que ele balance: isso ajuda.* – É a água que sobe que faz balançar ou o balanço que a faz subir? – *Um pouco dos dois, eu acho. Seria antes o ar: aqui dá para ver umas bolhas. É um pouco de tudo: o ar, a água, e o balanço, e depois, com a força da água, tudo volta.*" Para a subida, "*se houvesse apenas o ar ou só o balanço sem ar, a água desceria o tempo todo*", mas "*tem o ar que empurra a água e na cabeça um peso que faz balançar, e poderíamos continuar durante anos*".

ORI (14;9) em função de sua idade, multiplica as hipóteses e os fatores possíveis de interdependência. O pássaro contém um "*líquido azulado que sobe até a cabeça*" com a temperatura, como o conteúdo de um "*termômetro quando faz calor*" (poderíamos verificá-lo "*colocando-o na geladeira*"). Quanto à descida, "*talvez haja ar que entre na cabeça: isso a faz balançar e por fim cair na água*". Embaixo, "*ele bomba a água: pelo menos é o que parece, mas isso não mudaria nada*". Por outro lado, o líquido na cabeça "*faz um peso a mais e ela cai*. – E o balanço é útil para a subida? – *Sim, sobe aos pouquinhos em vez de subir rápido*", mas a temperatura "*tem seu papel nisso tudo*. – E o outro papel? – *É pelo balanço* (que diminui a velocidade do movimento). – O que é importante em tudo isso? – *As duas coisas mais importantes, para mim, são o líquido* (subida) *e o ar* (descida)".

MOR (14;0) parte do ciclo habitual: o pássaro bebe, portanto o líquido sobe e "*há mais peso, o que o faz descer de novo*". Mas ele acrescenta primeiro que "*é o ar que faz subir no tubo*" e em seguida que "*o ar pode entrar também pelo alto se chegar ar do reservatório e se houver ar nas duas extremidades*"; donde os efeitos contrários. A água do copo "*não mudaria nada*", mas é preciso contar ainda com "*o calor: alguns líquidos sobem como em um termômetro*".

É próprio desses sujeitos evitar as contradições (cf. a "água azul" que exclui o bombeamento, etc.) e procurar separar as interdependências entre os dois subsistemas das subidas e das descidas, sem se deixar prender em círculos viciosos. Para tanto, eles preferem multiplicar os fatores, mesmo sabendo que se trata apenas de hipóteses que precisariam ser verificadas na medida do possível; daí, já para Tin, os papéis conferidos ao ar e ao calor além do peso, que se combinam (Bar) com um balanço que se limita a "ajudar" e serve de regulador para Ori. Este e Mor fazem do calor um fator de subida como um termômetro e ainda Mor invoca duas entradas de ar em sentidos opostos uma da outra.

O interesse desta pesquisa, e em particular o último estágio, é mostrar-nos que mesmo em um problema que permanece sem soluções para o sujeito, senão soluções hipotéticas, encontra-se o mesmo andamento geral que conduz dos círculos pré-dialéticos do começo às interdependências e superações dialéticas, apesar de continuarem conjeturais e insuficientes aos olhos do próprio sujeito. Não é menos interessante perguntar quais são as formas que tomam, em tais casos, as interdependências supostas, assim como as superações. No que concerne às primeiras, encontramos, até aqui, três variedades distintas: (1) As interações entre os subsistemas levam ao enriquecimento mútuo (exemplo no Capítulo I, relações entre predicados, conceitos, julgamentos e inferências). (2) Os subsistemas conservam as totalidades transformacionais por passagens dedutivas de um a seus vizinhos (exemplo, as perspectivas do Capítulo X). (3) Os subsistemas conservam o todo por compensações mútuas (exemplo das "casas" do Capítulo VI). Ora, no caso presente, não seria questão dessas três variedades, já que os dois subsistemas (subidas ou novas subidas e descidas ou novas descidas) são cada qual malcompreendidos e menos ainda suas relações. Mas o progresso consumado entre os níveis I e II é que em I eles dependem de uma causa única (a água), podendo até atuar nos dois sentidos "ao mesmo tempo" (Ber), em II o segundo fator citado (o peso) só atua em sentidos contrários, em virtude de suas variações e de suas posições, enquanto em III aparecem dois tipos de motores atuando, cada um por vez, segundo o que se poderia chamar de "interdependência por alternância". De fato, os novos fatores, que são o ar e o calor, só atuam até um limite e ambos no mesmo sentido da subida (salvo se houver duas fontes de ar, como acha Mor), e o peso, agora, só atua a favor da descida e não mais por atração, como era freqüente no nível II.

Em síntese, seja qual for a variedade ou o arbitrário das causas citadas, umas atuam a favor de um dos subsistemas e as outras em sentido oposto: se há entre elas interdependências ou interações crescentes é, portanto, por alternância ou substituições, umas predominando quando as outras se enfraquecem e reciprocamente. Ora, está claro que existe aí uma forma dialética e que ela levaria bem mais longe no caso de conhecimentos verificáveis dos quais o sujeito pudesse dispor. Valeria a pena, portanto, analisar tal situação. Quanto às superações, é evidente que com tantas limitações não se trataria ainda de sínteses entre os contrários, mas simplesmente adjunções destinadas a suprir as lacunas e a fazer corresponder aos fatores de descida outras tantas causas de subida ou reciprocamente.

CAPÍTULO XII

CONCLUSÕES GERAIS

Os fatos descritos nesta obra parecem demonstrar que a dialética não se reduz à forma restrita que alguns gostariam de lhe impor (teses, antíteses, sínteses), mas nem por isso se confunde com o funcionamento de qualquer atividade cognitiva. No que respeita ao primeiro ponto, já há dialética quando dois sistemas, até então distintos e separados, mas não opostos um ao outro, fundem-se em uma totalidade nova, cujas propriedades os ultrapassam e até mesmo, às vezes, em muito. No primeiro ensaio de dialética matemática que tentamos em 1950, buscando explicar a formação dos números naturais pela fusão das inclusões e de sua ordem serial ($1 \subset 2 \subset 3$, etc.), é claro que não existe nenhuma contradição entre as inclusões em jogo em uma classificação qualitativa e as operações de seriação. Em compensação, tão logo se faz abstração das qualidades dos elementos para considerá-los unidades equivalentes entre si, as inclusões só podem se apoiar sobre uma ordenação e reciprocamente, o que gera essa nova totalidade muito mais rica que é a seqüência dos inteiros. Há aí, portanto, um exemplo de construção dialética sem contradições a superar, nem tese, nem antítese a sintetizar.

Quanto a considerar como dialéticas todas as formas de atividade cognitiva, cada capítulo nosso nos levou a distinguir a construção das estruturas, que somente ela é dialética, e o que se pode tirar delas, uma vez construídas, limitando-se então a simples deduções, ou seja, ao que chamaremos com Kant de um método puramente "discursivo".

Há, portanto, em todo desenvolvimento cognitivo, uma alternância entre as fases dialéticas e as fases discursivas, sem que tudo se reduza às primeiras. Quanto às segundas, pode ser que elas levem, às vezes, a contradições, mas então por defeito de análise suficiente e sem que uma dialética seja necessária para superá-las se melhores definições ou inferências permitem ver mais claro.

(1) Posto isso, os fatos que precedem puseram em evidência um certo número de características comuns que se encontram em todas as situações dialéticas e das quais nos resta mostrar a solidariedade, pois, de fato, cada uma delas carrega ou supõe todas as outras.

O mais geral é a construção de interdependências não estabelecidas até então entre dois sistemas A e B, concebidos, primeiro, seja como opostos, seja simplesmente como estranhos um ao outro, e cuja reunião termina por considerá-los como os subsistemas de uma nova totalidade T, cujas características de conjunto não pertencem nem a A, nem a B antes de sua reunião. Por exemplo, no caso das equalizações do Capítulo II, os jovens sujeitos não vêem de imediato que o fato de acrescentar elementos a uma das coleções implica sua subtração em outra, enquanto a coordenação dessas duas operações é a única que assegura a não-contradição do sistema total. Ver também os Capítulos VI e X.

Em segundo lugar, já há dialética no caso das interdependências a serem estabelecidas entre as partes de um mesmo objeto. Vimos um exemplo disso muito simples mas tão instrutivo na construção das pontes do Capítulo VII e muito mais complexo a propósito do pássaro bebedor do Capítulo XI. Este último exemplo põe em evidência o caráter dialético de toda a relação entre o sujeito e os objetos que ele busca conhecer: por um lado, suas manifestações materiais ou mentais o aproximam naturalmente desses objetos por abordagens sucessivas e progressivas, mas, por outro lado, cada vez que ele se aproxima há um recuo parcial do objeto pelo fato de cada novo ato de conhecimento levantar novos problemas. É surpreendente, a esse respeito, constatar, no caso do pássaro bebedor, que os sujeitos do nível III, mesmo descobrindo bem melhor que aqueles dos níveis I e II, os possíveis fatores em jogo, sentem-se muito menos seguros de suas soluções, apesar de, desse ponto de vista absoluto, elas terem melhorado nitidamente em relação àquelas do começo.

Em terceiro lugar, toda nova interdependência gera "superações" quando, acrescida às precedentes, leva a uma nova totalidade T2 da qual a precedente T1 se torna um subsistema. Por exemplo, nos casos das perspectivas (Capítulo X), quando a criança descobre a inversão das relações frente-verso, quando o observador gira 180º em volta do dispositivo, esta nova interdependência para ele leva à totalidade T1 que, em relação à totalidade estática T0 (sem modificações das relações projetivas), já é uma "superação", mas cuja noção não acrescenta nada àquela da "nova interdependência". Em compensação, quando a criança entende (o que é sempre ulterior) que as relações "direita-esquerda" também devem ser invertidas, donde a nova totalidade T2 que engloba T1 como subsistema, o conceito de superação toma um novo sentido especialmente se houver, como pode ser o caso aqui, o que se deve qualificar por "superação dos próprios instrumentos de superação" (o que é uma forma de generalização construtiva).

Um quarto caráter correntemente citado para caracterizar a dialética é a intervenção de circularidades ou espirais na construção das interdependências. Suas diferenças com os círculos viciosos se devem essencialmente ao fato de que a dinâmica dessas interações comporta necessariamente um aspecto de sucessão tal que todo progresso no sentido da construção proativa provoca remanejamentos retroativos que enriquecem as formas anteriores do sistema em questão. É assim que – no caso dos predicados, conceitos, julgamentos e inferências do Capítulo I – tal ordem, aquela da construção, acarreta seu inverso no plano das justificações, gerando assim a abertura sobre novos possíveis.

Em quinto lugar, toda dialetização leva a relativizações pelo próprio fato de um caráter até então isolado, que, portanto, se parece como uma espécie de absoluto, ser posto em relação com outros pelo jogo das interdependências. É assim que nas partidas de xadrez do Capítulo III a ação de uma peça é primeiro atribuída apenas a suas flechas, depois depende de suas posições e, por fim, dos movimentos previstos do adversário.

(2) Essas cinco propriedades de toda dialética se resumem em uma sexta que lhes fornece a significação geral: a dialética constitui o aspecto inferencial de toda equilibração. Para entender o sentido dessa formulação, é preciso primeiro distinguir com cuidado a equilibração enquanto processo construtivo que conduz à formação de estruturas, e o equilíbrio enquanto estado estável atingido por essas estruturas uma vez construídas. Nesse caso, o que se pode tirar delas sem modificá-las nem ultrapassá-las reduz-se a inferências discursivas que seria abusivo considerar como dialéticas. Em compensação, se uma estrutura estável dá lugar a novas interdependências com outra, há dialética novamente, já que há formação de uma totalidade nova, que exige novos processos de equilibração. Em todos esses casos, quando,

Capítulo XII

portanto, há construção de novidades, a equilibração se apresenta sob três formas que correspondem a uma ou outra das variedades de interações que acabamos de mencionar: (a) a equilibração das relações entre sujeito e objetos (ou entre as assimilações e acomodações), e lembramos sua complexidade a respeito dos retrocessos do objeto; (b) a coordenação dos subsistemas; e (c) a equilibração entre as diferenciações e as integrações, podendo ser antagonistas ou solidárias e não consistindo em subsistemas, mas em uma regulagem das interdependências e da construção das novas totalidades.

Posto isto, e antes de examinar as diferentes formas que podem apresentar as interdependências, lembremos que esse aspecto inferencial das equilibrações comporta sempre um modo particular de ligações, pouco estudado até aqui mas fundamental em toda dialética, a que chamamos de "implicação entre ações ou entre operações". A implicação entre enunciados $p \to q$ mesmo sob sua forma "significante" ($p \to q$, se a significação de q está englobada na de p)[1] consiste, de fato, apenas em um processo discursivo, limitando-se a separar o que já está contido nos termos ligados, enquanto a produção de novidades – portanto, toda "superação" dialética – supõe um processo transformacional que só pode ser sustentado por construções operatórias ou pré-operatórias. Com efeito, uma vez que uma ação ou uma operação já constituem por si mesmas transformações, é evidente que as implicações que as podem religar serão então duplamente transformadoras. Ora, nenhuma ação ou operação existem em estado isolado, daí as implicações que a ligam a outras e sem que isso exija a preformação dessas ligações no espírito do sujeito. Por

---

1 E que essa significação de q seja transitiva.

exemplo se toda adição + *x* sobre um ponto de um sistema qualquer implica a subtração - *x* em outra região, essa implicação, apesar de sua evidência uma vez construída, não preexiste absolutamente à sua elaboração, prova em si de que durante longos estágios a adição + *x* é concebida como uma produção *ex nihilo,* por falta de compreensão das conservações.

(3) Convém, agora, procurar distinguir e comparar as diversas formas de interdependências que nossas pesquisas puseram em evidência.

A primeira dessas formas consiste em um enriquecimento mútuo e mais ou menos simultâneo dos subsistemas constitutivos de um sistema de conjunto ou de partes de um mesmo objeto conceitual: é o caso dos subsistemas do Capítulo I (predicados, etc.) e também do Capítulo VII para as partes de um mesmo objeto.

A segunda forma é aquela das interdependências que asseguram a conservação do sistema total graças às compensações entre as variações dos subsistemas: exemplos os Capítulos II (equalizações) e VI (conservações espaçonuméricas).

A terceira forma é a coordenação entre subsistemas invariantes que engendram inferencialmente uns a partir dos outros e que conservam o todo no interior de seus deslocamentos ou daqueles do observador (Capítulo X, sobre as perspectivas).

Em quarto lugar, pode-se falar de interdependências multitransformacionais quando as ações do sujeito modificam sistematicamente as relações entre elementos de uma sistema com vistas a usar aquelas que se seguirão (exemplo, o jogo de xadrez simplificado do Capítulo III).

Capítulo XII

Em quinto lugar é preciso distinguir as interdependências entre as ações exploradoras do sujeito, procurando coordenar relações não-visíveis (exemplo, o Capítulo IX).

A sexta forma é a alternância na construção de dois subsistemas que se geram um ao outro a cada vez, como é o caso nas inversões de ordem do Capítulo IV ou quando dos giros do Capítulo V.

Uma sétima forma deve ser considerada, se os fatores de um dos dois subsistemas entram em ação quando os do outro param de dominar: exemplo das subidas e das descidas do líquido no caso do pássaro bebedor do Capítulo XI (no nível III, de 11-14 anos).

Por fim, a oitava forma consiste em distinguir as pseudodependências das dependências reais, o que remete a construir um conjunto de interdependências possíveis das quais umas são atualizadas enquanto outras não o são: ver o Capítulo VIII.

(4) Quanto ao motor comum dessas diversas interdependências, deve, sem dúvida, ser procurado nas relações cada vez mais estreitas entre o "possível" e o "necessário", isto é, nas duas espécies de formas construídas pelo sujeito e que se aplicam aos conteúdos "reais" constituídos pelos objetos dados pela experiência ou gerados por essas próprias formas (como o são os "seres" lógico-matemáticos). Lembremos, para começar, o paralelismo surpreendente que encontramos nas pesquisas precedentes entre os níveis de formação do possível (sucessões analógicas, co-possíveis limitados, depois ilimitados) e do necessário (pseudo- ou pré-necessidades, necessidades locais, depois quaisquer). Ora, esse paralelismo parece ser devido à seguinte espiral, que é talvez a expressão mais geral de toda dialética: partindo

de um conhecimento adquirido R que pode ser dito real (seja enquanto objeto exterior, seja de fonte endógena)[1], sua própria formação acarreta a de vários novos possíveis P. Entre alguns destes, constituem-se certas relações necessárias N que englobam, então, o objeto de partida R, mas sob uma forma mais rica $R2$ que contém R ao mesmo tempo em que o ultrapassa. Desses $R2$ resultam, a seguir, novos possíveis $P2$, donde certas novas necessidades que levarão a um $R3$, ultrapassando, por sua vez, $R2$. E esse processo pode continuar indefinidamente.

Admitindo-se isso, constata-se que essa espiral, em jogo em todas as interdependências, manifesta-se sob a forma mais elementar no caso das relações entre o sujeito e o objeto (ver em 1). Mas "elementar" está longe de significar "simples" e isso está implícito se quando, a cada progresso que aproxima o sujeito do conhecimento do objeto, este último recua de uma distância que, ao mesmo tempo em que diminui de valor absoluto, nunca se anula e reduz os modelos sucessivos do sujeito à classe das aproximações que não podem, apesar de suas melhoras, atingir esse limite constituído pelo objeto em suas propriedades ainda desconhecidas. Antes de analisarmos a dupla dialética em jogo nesse complexo processo, insistamos sobre o fato de que não se trata aí, absolutamente, de uma dualidade comparável à dicotomia absoluta que Kant quis introduzir entre os fenômenos e os númenos, pois um númeno que se afasta não é mais um númeno e fenômenos que se enriquecem à sua custa excluem, portanto, seu caráter absoluto e numênico.

---

[1] Reservamos, em geral, o qualitativo "real" aos objetos exteriores ao sujeito, mas para abreviar nós o atribuímos aqui, além do mais, a todo conhecimento adquirido anteriormente.

Capítulo XII

De fato, há aqui uma dupla dialética que tende a se coordenar em um sistema de conjunto tão mais difícil de atingir à medida que seus dois subsistemas se enriquecem mutuamente. Todo conhecimento do objeto, fora os grosseiros visíveis do começo, já interpretados, aliás, por meio de modelos rudimentares e teleocêntricos, resulta de ações ou operações que o fazem variar e põe assim em evidência suas propriedades estáveis ou variantes. Assim, a relação sujeito x objeto, longe de impor-se sob forma direta e simples, comporta duas construções de direções normalmente contrárias, mas que se trata de coordenar, donde, na realidade, três tipos de dialéticas. A primeira é uma reconstituição mais ou menos bem-sucedida em seus esforços de coerência interna das propriedades sucessivamente descobertas no objeto, que se trata de reunir em um todo, tornando-as solidárias. Mas esse procedimento em direção à exteriorização é indissociável de um processo de interiorização, que consiste em elaborar as formas lógico-matemáticas de ações ou operações indispensáveis às assimilações em jogo nas reconstituições exteriores das quais acaba de se tratar. A relação sujeito x objeto se deve, portanto, a uma síntese dialética da auto-organização das formas das quais o sujeito precisa e da reconstituição dos conteúdos descobertos no objeto. Há, assim, no total, três movimentos dialéticos a serem considerados: (1) a colocação em interdependência das formas necessárias às assimilações, (2) a colocação em interdependência das propriedades atribuídas ao objeto, e (3) a síntese dessas formas e desses conteúdos, adquirindo, então, a função de "modelos": ora, são estes últimos que determinam, ao mesmo tempo, o progresso no conhecimento aproximativo do objeto e os afastamentos deste, devido aos novos problemas levantados por eles.

(5) Mesmo aceitando tudo o que acabamos de ver da tripla dialética tão complexa que encobre a relação aparentemente simples e primitiva que caracteriza toda uma interação cognitiva sujeito x objeto, uma lacuna poderia subsistir nesta análise, conduzindo o leitor a julgar nossa interpretação como muito pobre, por falta de fazer com que as negações, a contradição, a "identidade dos contrários", enfim, toda a lista que a dialética clássica faz jogar o jogo da negatividade, tenham um papel essencial. Ora, não é, de fato, absolutamente o caso.

Lembremos primeiro que a equilibração de um sistema cognitivo exige uma colocação em correspondência entre toda afirmação, fator positivo ou operação direta e as negações, fatores negativos ou operações inversas, os desequilíbrios iniciais se atendo essencialmente ao primado dos primeiros desses aspectos sobre os segundos, portanto à insuficiência das negatividades. Por mais que a dialética constitua o mecanismo inferencial da equilibração, está implícito, então, que ela fará as negações terem um papel pelo menos igual àquele das afirmações.

Precisamos até dizer mais, e se quisermos interpretar a dialética como um processo que se engendra a ele mesmo durante o curso de uma formação genética ao invés de ser dado desde o começo e permanecendo idêntico em todos os níveis, devemos considerar a negação como resultado, ela também, de uma construção sem acreditá-la preformada em toda ação ou em todo pensamento, o que seria de fato antidialético. Em outras palavras, deve-se conceber a negação como sendo ao mesmo tempo um produto e, em retorno, um instrumento de uma dialética formadora de seus próprios instrumentos formadores, o que se aplica especialmente às próprias negações.

Ora, quando Hegel nos fala do conceito como "contendo seu contrário" ou da "identidade dos contrários", poderiam ser interpretadas essas expressões (e muitos autores o fazem, sem que possamos nós mesmos decidir, porque estamos longe de acreditar ter entendido Hegel!) como comportando uma predeterminação da negação em todo conceito, mesmo (ou principalmente) se este for definido como um "espírito" com atividade autônoma, sem levar em conta o sujeito enquanto fonte de toda atividade inovadora. Para nós, ao contrário, a idéia de que todo conceito "contém" seu contrário significa, dialeticamente, que a construção de cada conceito implica a de seu contrário, ou pelo menos sua possibilidade (compreendida nos novos possíveis P, citados em 4 antes de entrar nas necessidades N). Da mesma maneira, a "identidade dos contrários" não é uma identidade estática, mas uma implicação recíproca: cada operação implica seu inverso, mas não "é" seu inverso!

Resumindo, a construção das negações é o produto de uma dialética elementar antes de se tornar o instrumento de uma dialética superior, as dialéticas de diferentes níveis genéticos se geram por meio dessa dialética genética ou gênese dialética, que foi objeto de nossos estudos. Se *omnis determinatio est negatio*, como dizia Spinoza, deve-se admitir em contrapartida que *omnis negatio est determinatio,* ambas implicações recíprocas exigindo construções dialéticas. Deve-se insistir, por outro lado, sobre a relativização das negações em função dos referenciais explícitos ou implícitos, ou, em outros termos, dos sistemas de encaixe. Seja, por exemplo, o agrupamento $A + A' = B; B + B' = C; C + C' = D$; etc. É preciso, então, distinguir *não-A* sob B, que é *não-A = A'*; ou *não-A* sob C que é *não-A = A' + B'$; *não-A* sob D que é *não-A = A' + B' + C'$, etc., o que equivale a dizer que as negações se modificam em função dos referenciais, donde a dificuldade de dominá-los.

(6) Falta-nos falar do estatuto da contradição em uma dialética fundada sobre as implicações entre ações ou operações. A grande diferença entre estas e os enunciados é que as últimas consistem em "o que se diz", enquanto as ações (incluindo o caso em que os enunciados estão subordinados a operações que os integram, então, em estruturas operatórias) caracterizam-se pelo "o que se faz" e desde antes da linguagem (nos níveis sensório-motores), portanto, antes da constituição dos primeiros enunciados, e, depois, em competição com eles. Ora, o que se pode "dizer" é ou passa a ser muito mais amplo do que aquilo que se pode "fazer", e, portanto, comporta apenas uma regulagem interna muito menos estrita. Resulta disso que as contradições são muito mais numerosas ou possíveis entre enunciados do que entre ações ou operações. Desde os comportamentos sensóriomotores, vê-se o sujeito recusar-se a executar as ações que lhe pareçam contraditórias, tais como procurar atingir um objetivo e engajar-se na direção contrária; donde o caráter tardio da conduta de desvio nos casos em que um obstáculo (uma barreira, etc.) exclui a linha reta entre o sujeito e seu objetivo: o desvio, então, constitui uma síntese dialética entre o andar em direção ao objetivo e a direção oposta que se trata de seguir no começo de tal circuito (síntese já observável nos animais superiores).

De maneira geral, a contradição entre enunciados é, portanto, sempre possível e é, até mesmo, fácil formular um sem ver que ele é contraditório com outros afirmados anteriormente. Em compensação, o contraditório no plano das ações é "o que não se pode fazer" e, se duas ações contrárias são realizadas sucessivamente, trata-se de ações

Capítulo XII

diferentes em suas formas ou em seus conteúdos e referenciais, sua síntese remetendo-se a integrá-las em um novo sistema total.

Lembremos, de fato, que se a dialética constitui o aspecto inferencial da equilibração, esta comporta também, e de maneira indissociável da precedente, um aspecto causal quer se trate de operações atribuídas aos objetos exteriores, quer de operações "assumidas" pelo sujeito na regulagem de suas próprias ações. Se a equilibração apresenta, por outro lado, um aspecto inferencial, as implicações em que consiste este último são inseparáveis desse aspecto causal, mas levam às significações dessas operações assumidas e não à sua efetivação material. Está claro, então, que implicações entre essas significações estão protegidas das contradições, uma vez que as ações e operações assim significadas já o estão pelo fato de a contradição entre duas ações equivaler à impossibilidade de efetuá-las.

Aliás, o que os dialeticistas chamam de "contradições" consiste apenas, em geral, em situações opostas, contrárias, conflituosas, etc., bem diferentes das contradições formais $a \times \text{não } a = 0$, e o próprio Hegel esclarece que "a negação não é a negação do todo (um conceito), mas apenas a de uma coisa determinada" (portanto, de um de seus aspectos). (Ver *Science de logique* I, p. 40.)

Posfácio

DIALÉTICA, PSICOGÊNESE E HISTÓRIA DAS CIÊNCIAS

por *Rolando García*[1]

1. Algumas observações a respeito das relações entre a epistemologia genética e os clássicos da dialética.

A epistemologia genética raramente foi considerada uma teoria dialética do conhecimento[2]. *As referências do próprio Piaget nesse aspecto de sua teoria são esparsas e indiretas. Aqueles que insistiram na importância da dimensão dialética da epistemologia genética encontraram geralmente três tipos de reações, que coincidem todas – mas por razões bem diferentes – na intenção de desassociar o pensamento de Piaget da dialética e, mais especificamente, das escolas de pensamento derivado de Hegel e da tradição marxista.*

Para aqueles que rejeitam tanto Hegel como Marx, são os andamentos experimentais, o método sistemático de tratar os problemas epistemológicos, assim como a coerência interna da teoria, que situam a epistemologia genética a um

---

1 Ex-Reitor da Faculdade de Ciências da Universidade de Buenos Aires.
2 Notáveis exceções são as de Lucien Goldmann, de C. Nowinski e de I. Sachs.

nível de reflexão bem diferente dos pensamentos obscuros, vagos e pouco coerentes dos pensadores dialéticos. Eles concluem com uma advertência: "Não se deve acreditar que as referências piagetianas à dialética tenham alguma coisa a ver com Hegel e Marx. Desconfie do marxismo[1]!".

Para outros – pertencentes a uma corrente de marxistas não ortodoxos –, as referências de Piaget à dialética devem ser rejeitadas (são armadilhas das quais se deve desconfiar), porque ele não leva em conta as dimensões sociais do conhecimento. Sua advertência se resume assim: "Não se deve pensar que a dita dialética de Piaget tenha alguma coisa a ver com Hegel e Marx. Desconfie de Piaget!".

A terceira posição é esta: para os marxistas mais próximos da ortodoxia, a espistemilogia moderna se reduz à exegese de Marx feita pelo olhar intelectual de Engels, de Lênin e (às vezes) de Mao. Todo desvio é condenado, porque conduz fatalmente ao idealismo. A epistemologia genética, na medida em que ela faz algo diferente, não pode pretender a nenhuma filiação com a verdadeira tradição marxista.

Não é cômodo encontrar-se em uma "quarta" posição visada por oponentes tão diversos. Tentemos, no entanto, fazer algumas observações para justificá-la, com a intenção de, senão abrir um debate, pelo menos de introduzir o que se segue. É evidente que as pesquisas piagetianas não foram conduzidas por uma tomada de posição "a favor" ou "contra" Hegel ou Marx. É sabido também que o próprio Piaget não tem especial inclinação para os "ismos", nem preocupação ou temores a esse respeito. Entretanto, parece-nos possível

---

[1] Esta posição foi expressa com veemência por Deanti durante suas intervenções no Simpósio do Centro Internacional de epistemologia genética, em junho de 1978, em Gênova.

situar Piaget na continuação de uma linha de pensamento epistemológico que atravessa Hegel e Marx (mas que começa bem antes deles), e isso sem lembrar o quanto as "respostas" piagetianas se afastam daquelas dos autores clássicos. A teoria do conhecimento de Marx deve ser encontrada, de maneira implícita, em O Capital, *assim como em outras obras que não tratam diretamente de epistemologia. No entanto, encontra-se nelas uma série de observações esparsas que esclarecem sua posição. As mais conhecidas encontram-se no Capítulo III do livro* Introdução à crítica da economia política, *em que ele trata do "método da economia política". A seguinte passagem expressa as relações entre o "concreto" e o "abstrato" de uma forma que coincide perfeitamente com o pensamento piagetiano:*

"O concreto é concreto porque ele é a junção de múltiplas determinações, portanto unidade da diversidade. É por isso que ele aparece no pensamento como um processo de junção, como resultado e não como ponto de partida, bem que ele seja o ponto de partida real e por conseguinte, também, o ponto de partida da intuição e da representação. No primeiro andamento, a plenitude da representação foi volatilizada em uma determinação abstrata; no segundo, são as determinações abstratas que levam à reprodução do concreto ao longo do encaminhamento do pensamento. É por isso que Hegel caiu na ilusão que consiste em conceber o real como o resultado do pensamento que se ajunta em si, se aprofunda em si, se molda a partir de si mesmo, enquanto o método que consiste em se erguer do abstrato ao concreto é apenas a maneira de o pensamento apropriar-se do concreto, de reproduzi-lo em quanto concreto do espírito. Mas isso não é absolutamente o processo de gênese do próprio concreto."

Todo leitor avisado das obras piagetianas (da "construção do real" ao "equilíbrio") reconhecerá a identidade de concepção em um dos pontos essenciais da teoria epistemológica. O que surpreende é encontrar em Lênin um programa de pesquisa que coincide com o da epistemologia genética em dois pontos, dos quais um (psicogênese) está no centro da mesma.

"Eis os domínios do saber com os quais deve ser composta a teoria do conhecimento e a dialética:
História da filosofia.
História das ciências singulares.
História do desenvolvimento intelectual da criança, dos animais.
História da linguagem." (*Lênin*, "Cahiers philosophiques")[1].

Conceber o conhecimento como processo e não como um estado; considerar os mecanismos dos processos de conhecimento na história do saber socializado assim como na história do indivíduo em desenvolvimento, eis dois pontos essenciais da epistemologia genética, já antecipados como um caminho a ser seguido por um dos líderes da escola marxista.

Os filósofos clássicos não tinham suspeitado que análises ao mesmo tempo sociogenéticas e psicogenéticas podiam resultar em uma teoria do conhecimento bem estabelecida e coerente. Também não era reconhecido à dialética um papel intrínseco na teoria do conhecimento, na medida em que o processo cognitivo não pode ser concebido como uma série de etapas, e a passagem de uma para a seguinte não é outra coisa que não a superação de uma situação conflitante.

Consideremos agora a lista estabelecida por Lênin, dos traços característicos de um processo dialético. Em seus comentários sobre a "Ciência da lógica", de Hegel, que fazem parte dos "Cadernos filosóficos", Lênin indica a obscuridade de certas definições hegelianas e enumera o

---

1 Editions sociales, Paris – Editions du Progrès, Moscou; 1973; p. 336.

que deveria "aparentemente" (sic) constituir os "elementos da dialética". Ele enumera três deles e acrescenta em seguida: "talvez seja possível apresentar todos esses elementos assim de maneira mais detalhada". E faz então uma lista de 16 elementos. Encontramos nessa lista dupla (a primeira de três e o recorte seguinte em dezesseis) o germe daquilo que Piaget descreve nas conclusões da presente obra como "as características comuns encontradas em todas as situações dialéticas".

Sem querer fazer uma análise exaustiva das semelhanças e das diferenças entre as características de um processo dialético estabelecidas, de um lado, por Lênin e, de outro, por Piaget, é útil observar uma série de convergências surpreendentes. Para tanto, agruparemos, de maneira um pouco diferente, os "elementos" da lista de Lênin. Há, em primeiro lugar, uma insistência sobre os objetos, fenômenos, processos, etc., enquanto sistemas de inter-relações com níveis crescentes de complexidade. Os itens 1, 2, 3, 4 e 8, na lista de Lênin, remetem a eles:

"a própria coisa deve ser considerada em suas relações e em seu desenvolvimento";
"todo conjunto de *relações* múltiplas e diversas dessa coisa com outras";
"o *desenvolvimento* dessa coisa (fenômeno), seu movimento próprio, sua vida própria";
"as relações de cada coisa (fenômeno, etc.) não apenas múltiplos e diversos, mas universais. Cada coisa (fenômeno, processo, etc.) está ligada a cada outra coisa". (*Lênin*, "Cahiers philosophiques", p. 209-210.)

Em seguida, há a bem conhecida caracterização da dialética enquanto teoria da unidade dos contrários. (Itens 4, 5, e 9). Pareceria haver aqui uma diferença importante com a formulação escolhida por Piaget, quando este diz:

"*Há dialética quando dois sistemas, até então distintos e separados mas absolutamente opostos um do outro, se fundem em uma nova totalidade, cujas propriedades os ultrapassam e às vezes até em muito*" *(o sublinhado não aparece no original). Piaget insiste mais adiante nessa diferença, quando ele faz referência à formulação dos números naturais pela fusão das inclusões e de sua ordem serial, acrescentando: "está claro que não existe nenhuma contradição entre as inclusões em jogo em uma classificação qualitativa e as operações de seriação". De acordo. Mas é preciso, entretanto, admitir que classificar significa concentrar a atenção nas* semelhanças, *enquanto a colocação em ordem significa concentrar a atenção nas* diferenças. *Nesse sentido exato, o número aparece como uma síntese de operações contrárias (classificação e ordem), mesmo que não haja contradição formal entre elas.*

A última das características da dialética apresentadas por Lênin poderia indicar que não se deve interpretar a palavra "contrário" no sentido estrito da contradição lógica formal, mesmo que em certos casos particulares possa ser esse o caso (cf. comentários sobre os sistemas lógicos contraditórios no fim deste Capítulo).

Finalmente, existe um certo número de "elementos" na lista de Lênin que demonstram uma coincidência com aspectos essenciais da análise piagetiana. São os itens que levam os números 7, 10, 11, 13 e 15.

O número 7 diz isto: "união da análise e da síntese, separação das diferentes partes e reunião, totalização dessas partes juntas". Isso corresponde, em nossa opinião, ao processo duplo de integração em totalidades e de diferenciação dos elementos da totalidade, que é um dos três tipos de equilibração indicados por Piaget.

Posfácio

Os números 10 e 11 fazem referência ao "processo infinito de atualização de novos aspectos, relações, etc." e do "processo infinito de aprofundamento do conhecimento pelo homem das coisas, fenômenos, processos, etc., indo dos fenômenos à essência mais profunda"(o sublinhado é do próprio Lênin). Piaget, por seu lado, mencionou muitas vezes esse "processo infinito" falando do "recuo do objeto":

"... então a cada progresso que aproxima o sujeito do conhecimento do objeto, este último recua a uma distância que, ao mesmo tempo em que diminui de valor absoluto, nunca se anula e reduz os modelos sucessivos do sujeito à classe das aproximações que não podem, apesar de suas melhoras, atingir esse limite constituído pelo objeto em suas propriedades ainda desconhecidas[1]."

(Assinado por Piaget, esse parágrafo serve para "provar" que ele é um autor idealista. É claro que se podem ignorar os "Cahiers philosophiques", mas estes são assinados por Lênin...)

Os números 13 e 15 da lista de Lênin estabelecem que:

"repetição a um estágio superior de certos traços, propriedades, etc., do estágio inferior" (13); e "luta do conteúdo com a forma e inversamente. Rejeição da forma, remanejamento do conteúdo". (15)

Na explicação piagetiana do desenvolvimento do sistema cognitivo, encontram-se continuamente esses dois temas: a reelaboração em um nível superior de um conteúdo já assimilado no estágio inferior, e as relações complexas entre forma e conteúdo (forma que luta para assimilar um conteúdo e conteúdo que força a modificação da forma;

---

[1] Capítulo XII, Conclusões gerais, da presente obra.

forma em um nível que se torna conteúdo no nível seguinte, etc.). Piaget não falará de "repetição", em um estágio superior, daquilo que acontece em um estado inferior, já que se trata de uma verdadeira reconstrução, com tudo que isso comporta. Ora, mesmo que não seja dito com as mesmas palavras de Lênin, isso está coerente com suas observações a respeito das novas relações de cada objeto, fenômeno, etc. que aparecem a cada estágio do desenvolvimento.

Essas aproximações podem ser suficientes para fazer entender em que sentido pensamos, como Lucien Goldmann, a que Piaget pertence – quer ele queira, quer não – a uma linha de pensamento à qual pertence também aqueles que são considerados os fundadores da mais importante escola dialética de nosso tempo. Mais ainda, pensamos que a epistemologia genética realizou (ou começou a realizar) o programa de pesquisas psicogenéticas e sociogenéticas que Lênin indicava como necessário, metodologicamente falando, para chegar a uma teoria do conhecimento que, a seu ver, só podia ser dialética.

Se admitimos que a epistemologia é uma ciência em desenvolvimento e se aceitamos que Marx e Lênin contribuíram muito para com a compreensão da natureza dialética do conhecimento, podemos também aceitar que certas formulações de Lênin devem ser "reformuladas" em vista de nossos atuais conhecimentos. Nem Marx, nem Lênin, nem aqueles que figuram como seus continuadores imediatos procederam ao desenvolvimento dessa dialética, percebida por Lênin, que faria recurso à "história do desenvolvimento intelectual da criança" juntamente com "a história das ciências singulares". Seria, aliás, difícil reprovar em alguém que mudou o curso da história, não ter tido o tempo de se debruçar sobre as crianças...

2. A dialética na história das ciências.

Segundo Piaget, há dialética quando dois sistemas, considerados até então independentes, entram em inter-relação e integram-se a "um nova totalidade cujas propriedades os ultrapassam". A maneira de estabelecer essas inter-relações e a maneira como as integrações são atingidas apresentam as seguintes características fundamentais:

a) os conceitos e noções intrínsecos aos subsistemas, com bases nos quais a nova totalidade será construída, passam por um processo de "relativização".

b) a construção de novas totalidades (ou estruturas) implica um certo processo circular (ou, mais especificamente, uma trajetória em espiral) na medida em que ela precisa de "remanejamentos retroativos que enriqueçam as formas anteriores do sistema considerado".

A análise de Piaget o conduz a outra afirmação que pode ser considerada o resultado epistemológico mais importante de sua análise. As propriedades de toda dialética se resumem por uma outra propriedade que dela fornece a significação geral: "a dialética constitui o aspecto inferencial de toda equilibração". Isso significa que a dialética não intervém em todas as etapas do desenvolvimento cognitivo, mas apenas durante o curso do processo de equilibração". Assim, devemos distinguir com cuidado entre o estado de equilíbrio correspondente a um momento não dialético da evolução e os processos dialéticos que permitem a construção de novos quadros conceituais.

Pensamos que essa distinção é fundamental e ela o é talvez mais ainda no desenvolvimento das ciências. Ela pode ajudar a entender por que os físicos, por exemplo, estão freqüentemente poucos dispostos a aceitar que dialética tenha um papel nas teorias científicas. De fato, uma vez que uma teoria foi estabelecida, ela opera de maneira puramente dedutiva (ou "discursiva"). E a dedução enquanto tal não é dialética.

Por outro lado, a dialética não procede de maneira caótica, estabelecendo relações de interdependências entre quaisquer elementos, como é visto em algumas apresentações banais do pensamento dialético. O processo dialético do desenvolvimento tem sua lógica interna. Mas essa lógica procede de outra forma do que a dedução. A inferência aqui está em jogo, mas não é a inferência própria a um sistema formal. É assim que entendemos a afirmação de Piaget, segundo a qual a dialética é o aspecto inferencial da equilibração. Mas o problema de saber em que consiste ao certo esta inferência fica em aberto.

Esse ponto precisa uma compreensão melhor dos mecanismos em ação em um processo cognitivo. A esse respeito, Piaget e o autor deste capítulo desenvolveram um projeto de trabalho que se propõe a comparar a psicogênese dos conceitos científicos elementares na criança com a sociogênese das teorias e dos quadros conceituais na história das ciências, a partir dessas duas hipóteses básicas: de acordo com a primeira, haveria continuidade e identidade de natureza dos processos durante todo o desenvolvimento cognitivo da criança ao homem da ciência; pela segunda, uma vez afastada – por motivos evidentes – a semelhança dos conteúdos, a identidade de natureza do processo deveria se refletir em nível dos mecanismos comuns que agem durante o processo de construção conceitual.

Uma idéia mestre e muito significativa dessa pesquisa é a distinção que Piaget estabelece entre três etapas características do desenvolvimento dos conceitos geométricos na

Posfácio

criança. Piaget sugeriu, em seus estudos sobre o desenvolvimento do espaço, começar pelo intrafigural *(análise das figuras isoladas) para passar daí à* interfigural *(espaço englobante; sistemas de referências acarretando todo o espaço) e, finalmente, ao* transfigural *(busca das estruturas de conjunto)*[1].

As etapas psicogenéticas das noções geométricas na criança têm seus correspondentes no nível da história das ciências e que podem ser resumidos como segue. Toda a geometria grega é "intrafigural". *Os teoremas expressam propriedades internas de figuras individuais e uma prova* ad hoc *é dada em cada caso. As relações do tipo intrafigural correspondem à etapa inaugurada pela geometria analítica e culminam na geometria projetiva. Aqui as propriedades das figuras são simplesmente os invariáveis de um sistema de transformações. A passagem do intrafigural para o transfigural atinge sua expressão mais admirável na época em que Klein elabora "O programa de Erlangen" no qual todas as geometrias caracterizadas por sistemas de transformação específicos são subsumidas à estrutura de grupo.*

Esse processo em três etapas não é uma característica específica da história da geometria. Pudemos pôr em evidência que o mesmo processo em três etapas caracterizava os grandes períodos de transição na evolução histórica das noções lógico-algébricas e das teorias físicas. Bastava substituir "figural" (geometria) por "operacional" (no caso da álgebra) ou "fatual" (no caso da física).

A generalidade do processo histórico sugeria uma reanálise da psicogênese das noções lógico-aritméticas e físicas. As três etapas foram efetivamente encontradas.

---

1 Cf. "A geometria espontânea da criança" e "A representação do espaço".

Essa sucessão de etapas intra-, inter- e trans- que encontramos em todos os níveis, tanto na história das ciências como na psicogênese de conceitos elementares, não representa apenas a descrição de um processo: encontram-se aqui os mecanismos pelos quais o desenvolvimento cognitivo e construção conceitual se realizam. É a esse título que elas são pertinentes ao estudo do processo dialético na teoria do conhecimento.

Para demonstrarmos o que precede, vamos considerar essas noções de diversos ângulos. Primeiro, as três noções de intra-, inter- e trans- correspondem a certas constantes que foram extraídas na análise psicogenética: centralização nos elementos, em seguida na sua transformação, e, por fim, apenas em seu modo de produção no cerne de um sistema de conjunto. As mesmas constantes são encontradas muito geralmente na história das ciências, a saber, a colocação em relação dos estados antes de entendê-los como resultados de transformações locais e a descoberta das transformações antes de concebê-las como manifestações de uma estrutura total da qual elas resultam enquanto variações intrínsecas.

Finalmente, *devemos nos questionar sobre o papel dos ditos processos evolutivos em três etapas do ponto de vista da construção de sistemas cognitivos (da criança ou do adulto dedicado à ciência). Todo sistema explicativo deve satisfazer a certas exigências de validade. A esse respeito, é importante enfatizar que a criança, tanto como o cientista, está sempre engajada em um duplo processo de descoberta (que consiste em inventar e em construir) e de validação (que consiste em atingir as "razões" daquilo que ele encontra). O processo em etapas sucessivas que descrevemos encontra sua própria validação na medida em que ele gera diversas formas de uma necessidade progressiva cuja* conquista só se faz por etapas. No nível das ligações do tipo intra-, a necessidade implicada pelas relações entre elementos não vai bem além de simples generalizações. Na etapa do tipo inter-, atinge-se um nível explicativo superior, pois as transformações fornecem um sistema de conexões necessárias que determinam "intrinsecamente" as "razões" das propriedades invariáveis. Atinge-se um nível ainda mais elevado na etapa trans-, na medida em que as estruturas fornecem aqui uma resposta à necessidade de "explicação" que as relações de tipo inter- requerem: o sistema total de transformação representado por uma estrutura gera novas transformações e fornece as razões de sua composição em conjunto. É possível, portanto, estabelecer uma correspondência entre as três etapas e as três formas conhecidas de equilibração cognitiva: equilibração entre a assimilação e a acomodação dos esquemas (etapas intra-); equilibração entre subsistemas (etapas inter-); equilibração entre a diferenciação crescente dos subsistemas e integração em totalidades (etapas trans-).

O caráter dialético desse processo torna-se agora perfeitamente claro. Em primeiro lugar, a passagem de uma etapa para outra só pode ser um processo de inter-relações: mais especificamente, trata-se de inter-relações de elementos em uma transformação e de inter-relações de transformação no interior de uma estrutura. Em segundo lugar, as inter-relações, por si só, não são suficientes para assegurar a superação de uma etapa pela seguinte. Pôr em evidência as inter-relações não pode consistir simplesmente em mostrar que tal elemento está em relação com um outro. A superação de uma etapa só pode se dar quando as propriedades dos elementos ou das transformações postas em relação estão privadas de seu caráter "absoluto" e aparecem como casos particulares de uma propriedade mais geral.

Mas esse processo não segue uma progressão linear.
Ele dá "laços", isto é, ele volta várias vezes à mesma posição,
mas considerado a partir de um nível superior. O análogo
geométrico não é nem uma função monótona crescente, nem
um círculo. A imagem é antes uma espiral tridimensional.
Escolhamos um caso particular para esclarecer essa
assertiva. A passagem de uma etapa para outra na história
da geometria fornece-nos o melhor exemplo.
Já caracterizamos a geometria grega como intrafigural.
Em seu "Aperçu historique sur l'origine et développement
des méthodes en géometrie", Chasles descreve a situação
nos seguintes termos:

"A antiga geometria é repleta de figuras. A razão é simples. Já que havia falta, então, de princípios gerais e abstratos, qualquer questão só podia ser tratada em estado concreto sobre a própria figura que era o objeto da questão e cuja visão, apenas, podia fazer descobrir elementos necessários à demonstração ou à solução procurada. "(*Op. cit.*, segunda edição, Paris, 1875, p. 207.)

As propriedades geométricas aparecem, assim, como propriedades intrínsecas dos "seres do espaço"(figuras, corpos).
Poncelet e Chasles terão um papel determinante na passagem do intrafigural para o interfigural. Eles farão o uso capital de um princípio que Chasles formula nestes termos:

"Se tomarmos uma figura qualquer do espaço e uma de suas propriedades comuns e aplicarmos a essa figura um desses modos de transformação e seguirmos as diversas modificações ou transformações sofridas pelo teorema que exprime essa propriedade, teremos uma nova figura e uma propriedade dessa figura que corresponderá à da primeira." (Chasles, *op. cit.*)

Posfácio

Poncelet e Chasles vão conceber os sistemas de transformação como método fundamental da geometria. Dessa maneira, eles serão levados a estabelecer uma distinção entre as propriedades das figuras que se conservam por projeção e as outras: "aquelas que concernem a suas formas e a suas situações chamadas relações descritivas e estas que concernem a suas grandezas chamadas relações métricas (Chasles, op.cit.*).* É a própria noção de transformação que permite introduzir essa distinção no conjunto das propriedades que a geometria intrafigural não podia diferenciar.

O passo histórico seguinte é a introdução do conceito de "elementos imaginários". Trata-se de elementos que têm uma relação com uma condição ou com estado de uma figura na qual certas partes são não existentes, com a condição de que essas partes sejam reais em outro estado da figura. Dois círculos em intersecção têm uma corda em comum; quando os dois círculos não estão mais em intersecção, a corda em comum é imaginária. Desta última proposição decorre a célebre asserção de Poncelet: "Dois círculos situados arbitrariamente sobre um plano não são, portanto, exatamente independentes entre si como se poderia pensar numa primeira abordagem; eles são idealisticamente dois pontos imaginários comuns no infinito e sob essa relação eles devem gozar de certas propriedades pertencentes ao mesmo tempo a todo o sistema e análogas àquelas das quais eles gozam quando têm uma secante como ordinária." Poncelet fez uso dessa idéia para introduzir a noção de pontos circulares no infinito, isto é, de dois pontos situados sobre a linha do infinito e comuns a dois círculos quaisquer.

A partir dessas noções, Caley introduziu uma definição projetiva da distância entre dois pontos. As relações métricas são assim redefinidas *como sendo relações caracterizadas por um elemento fundamental: o círculo imaginário no infinito.* A geometria não se compõe mais de dois sistemas de propriedades estranhas um ao outro; ela forma, pelo contrário, um conjunto de propriedades integradas na nova totalidade: a das relações projetivas com elementos imaginários. No interior dessa totalidade, as noções euclidianas de distância e de medida de um ângulo são relativizadas e se tornam casos particulares de uma noção muito mais ampla. *Devemos considerar, além disso, uma nova direção de pesquisa que se fundirá com a que acaba de ser mencionada. Essa outra tendência está associada aos nomes de Gauss, Lobatchevsky, Bolyai et Riemann e refere-se às geometrias não euclidianas. É bastante sabido que esse desenvolvimento está associado ao célebre quinto postulado das paralelas de Euclides e que os "tipos" históricos de geometria não euclidianas correspondem a diversas alternativas possíveis a esse postulado. Trata-se, com toda evidência, de geometrias intrafigurais.*

Felix Klein introduzirá, por sua vez, um ponto de vista transformacional (passagem para a interfigural) e mostrará como as diversas geometrias não euclidianas resultam subsumidas sob a geometria projetiva, substituindo o círculo imaginário no infinito por outros cones. A fusão das diversas geometrias não euclidianas em uma nova totalidade, que é a geometria projetiva no sentido ampliado de Klein, implica na verdade um remanejamento da antiga geometria projetiva que é agora considerada um caso particular de um sistema muito mais amplo.

O passo final é dado pelo próprio Klein e por Lie. As transformações serão subsumidas a uma estrutura algébrica de grupo. Testemunhamos novamente um "remanejamento" da geometria que será definida como segue: "são dados uma multiplicidade e um grupo de transformações; desenvolver a teoria dos invariáveis relativos a esse grupo ". Cada geometria é, agora, caracterizada por um grupo de transformações e uma subgeometria passa a ser simplesmente uma coleção de invariáveis em um subgrupo de transformações do grupo original. *Há uma hierarquia de grupos.*

"O conjunto dos deslocamentos (cada deslocamento sendo considerado uma operação efetuada sobre a totalidade do espaço) oferece o exemplo de um grupo de transformações. Um grupo contido é formado, por exemplo, por rotações em torno de um ponto. Um grupo que, pelo contrário, o contém é formado pelo conjunto das transformações homográficas." (*Klein,* "Le programme d'Erlangen", Gauthier-Villars, 1975, p. 6.)

Essa virada de perspectiva operada por Klein fornece a base de uma generalização extensa:

"Como elemento da direita, do plano, do espaço, etc., e em geral de uma multiplicidade a ser estudada, pode-se empregar, em lugar do ponto, todo elemento que faça parte da multiplicidade: um grupo de pontos, uma curva particularmente, uma superfície, etc. Como *a priori* não há nada determinado no número de parâmetros arbitrários do qual faremos esse elemento depender, a linha, o plano, o espaço, etc., aparecem, segundo o elemento escolhido, como providos de um número qualquer de dimensões. Mas, *contanto que se tome por base do estudo geométrico o mesmo grupo de transformações, nada é modificado nessa geometria,* quer dizer que toda proposição obtida com um certo elemento do espaço é ainda uma proposição para qualquer outra escolha desse elemento, apenas a ordem dos teoremas e suas ligações são mudadas. O que é essencial é, portanto, o grupo de transformações; o número de dimensões atribuídas à multiplicidade aparece como qualquer coisa secundária." (*Klein, op.cit.*, p.14)

Chegamos, assim, à etapa transfigural. A sucessão intra-, inter- e trans- aparece agora como uma progressão de direção proativa, que vai desde os elementos isolados (curvas, figuras) às transformações e, destas, às estruturas. Mas essa sucessão age de maneira retroativa sobre as construções anteriores, operando uma reorganização que, como mostrou Piaget no domínio da psicogênese, aparece ao mesmo tempo como a conseqüência das novas construções e como a condição de sua generalização. Encontramos, assim, nesse processo histórico, os mesmos elementos dos processos dialéticos descobertos por Piaget no desenvolvimento intelectual da criança: trata-se das inter-relações de dois sistemas até então independentes; da relativização de noções que aparecem como "absolutas" ou como propriedades intrínsecas de certos "seres particulares"; da construção de um sistema mais amplo que os precedentes; da reconstrução dos subsistemas precedentes em um nível superior. Se enfatizamos tanto sobre as sucessões intra-, inter- e trans-, é porque elas exprimem de forma sintética esses diversos aspectos da dialética nos quais Piaget insistiu.

OUTRAS EDIÇÕES DA CASA DO PSICÓLOGO:

(Solicite catálogo completo pelo telefone: (011) 852.4633)

- ENSAIOS CONSTRUTIVISTAS
  Lino de Macedo
- PENSANDO A INIBIÇÃO INTELECTUAL
  Audrey Setton Lopes de Souza
- MEMÓRIA E TEMPORALIDADE
  Sobre o Infantil em Psicanálise
  Bernardo Tanis
- MOMENTOS MUTATIVOS EM PSICANÁLISE
  Uma Visão Winnicottiana
  Gilberto Safra
- A TÉCNICA EM QUESTÃO -
  De Freud e Ferenczi a Michael Balint
  André Haynal - (co-edição Clínica Roberto Azevedo)
- O PARENTESCO FANTASMÁTICO
  Alberto Eiguer
- CORPO-MENTE: UMA FRONTEIRA MÓVEL
  Org.: Luiz C. Uchôa Junqueira Fº
- A CRIANÇA DADA POR MORTA
  Danielle Brun
- DROGAS: UMA COMPREENSÃO PSICOD.DAS FARMACODEPENDÊNCIAS
  Dartiu Xavier da Silveira
- PENSAR O SOMÁTICO - Imaginário e Patologia
  Sami-Ali
- O EQUILÍBRIO PSICOSSOMÁTICO
  E um estudo sobre diabéticos
  Rosine Debray
- MATERNIDADE E PROFISSÃO
  Sylvia Mello Silva Baptista
- PAUSA DE 90 SEGUNDOS
  Exercícios Rápidos para Relaxar
  Holf Herkert
- A INSTITUIÇÃO E AS INSTITUIÇÕES
  R. Käes e outros
- MORTE E DESENVOLVIMENTO HUMANO
  Maria Júlia Kovács
- PSICOTERAPIA COM FAMÍLIAS
  Org. Sally Box e outros
- A MULHER SEM QUALIDADE
  Estudo Psicanalítico da Feminilidade
  Annie Anzieu
- CRIANÇAS DE CLASSE ESPECIAL
  Adriana Marcondes Machado
- A ESCOLHA PROFISSIONAL EM QUESTÃO
  Vários Autores

- REUNIÃO DE PAIS - Sofrimento ou prazer?
  Beate G. Althuon, Corinna H. Essle, Isa S. Stoeber
- COMUNIDADE TERAPÊUTICA PSICANALÍTICA
  DE ESTRUTURA MULTIFAMILIAR
  Jorge E. García Badaracco
  (co-edição Clínica Roberto Azevedo)
- AS CRIANÇAS QUEREM SABER... E AGORA?
  Moacir Costa e outros
- GUIA DE ORIENTAÇÃO SEXUAL (5ª ed.)
  Coord. Marta Suplicy
- O GRUPO E O INCONSCIENTE
  Didier Anzieu
- PSICOSE E MUDANÇA
  R. Diatkine e outros
- EM BUSCA DO FEMININO
  Ensaios Psicanalíticos
  Org. Assoc. Bras. Grupos Est. do IPA
- PSICOMETRIA GENÉTICA
  Sara Paín
- A CRIANÇA E SUA PSICOSE
  Claudine e Pierre Geissmann
- SÓCIO-PSICOMOTRICIDADE RAMAIN-THIERS *Solange Thiers*
- O EU E O TEMPO
  Psicanálise do Tempo e do Envelhecimento
  Henri Bianchi
- A PSICOPATOLOGIA NO EXAME DE RORSCHACH
  Catherine Chabert
- RESSENTIMENTO E REMORSO - Estudos Psicanalíticos - *Luis Kancyper*
- CONTRIBUIÇÕES AO CONCEITO DE OBJETO EM PSICANÁLISE
  W. Baranger e Colaboradores
  (Co-edição Clínica Roberto Azevedo)
- O EU-PELE
  Didier Anzieu
- ÁLBUM DE FAMÍLIA - Imagens, Fontes e Idéias da Psicanálise em São Paulo
- REVISTA IDE
  Soc. Bras. de Psicanálise
- CONTRATRANSFERÊNCIA
  De Freud aos Contemporâneos
  Org. Sérvulo A. Figueira

Impresso nas oficinas da
EDITORA PARMA LTDA.
Telefone: (011) 912-7822
Av. Antonio Bardella, 280
Guarulhos - São Paulo - Brasil
Com filmes fornecidos pelo editor